Bruno Herr – **Liebe bis in den späten Herbst**

Bruno Herr

Liebe bis in den späten Herbst

ENNSTHALER VERLAG, A-4402 STEYR

2. Auflage

ISBN 3 85068 500 4

Inhalt

Vorwort

Ausführlich und allgemein verständlich werden in diesem Buch in populärwissenschaftlicher Form die physischen und die psychischen Vorgänge bei der innigsten körperlichen Vereinigung beschrieben und Ratschläge und Hilfen angeboten, wie man auch im Alter Befriedigung und Beglückung darin finden kann.

In meiner langjährigen Sprechstundentätigkeit als Facharzt für Innere Medizin habe ich die Erfahrung gemacht, daß die meisten älteren Menschen sich noch sehr nach körperlicher Liebe sehnen. Jedoch treten bei vielen Schwierigkeiten auf, mit denen nur wenige zu ihrem Arzt gehen und um Hilfe bitten. Die meisten quälen sich und häufig auch ihren Partner mit ihren unerfüllten Wünschen, weil sie sich schämen, mit anderen darüber zu reden.

Dabei ist gerade im Alter, wenn die Kinder aus dem Hause sind und der berufliche Streß wegfällt, die Zeit günstig für einen zweiten Frühling voll verhaltener, aber desto innigerer Zärtlichkeit. Der Bekanntenkreis älterer Menschen wird kleiner, es wird einsam um sie; das Bewußtsein, daß das Leben sich neigt, läßt ihnen die noch verbliebene Zeit umso kostbarer erscheinen, was sie oft einander näher bringt als je zuvor. Jetzt kann, ein gewisses Maß an Gesundheit vorausgesetzt, die körperliche Liebe in einem ganz starken Maße die häufig doch wesentlich inhalts- und freudloseren Tage erhellen; sie kann ein Lebenselixier sein bis ins hohe Alter.

Das vorliegende Buch will Ihnen helfen, dies zu erreichen. Ich kann es daher nur wärmstens empfehlen; denn ich gehe konform mit dem international anerkannten Wissenschafter Prof. Dr. med. Platt, Lehrstuhlinhaber für Innere Medizin und Gerontologie der Universität Erlangen, Nürnberg, der sagt, daß Sexualität im Alter kein Tabu sein dürfe.

Dr. med. Harry Kluppack, Leipzig
Facharzt für Innere Medizin

Einleitung

Dieses Buch wurde vor allem geschrieben für jene Generation, die durch den Zweiten Weltkrieg um Kindheit und Jugend betrogen wurde und deren Einstellung zur Sexualität geprägt war von der Moralauffassung einer christlichen Gesellschaft: Geschlechtliche Liebe galt als „sündhafter Drang" und war auf das Ehebett und die Zeugung von Kindern begrenzt. Der Anstand zwang die Menschen, ihre Lust zu verbergen oder gar zu verleugnen. Bei einer vor- oder außerehelichen Schwangerschaft wurden beide Beteiligte, vor allem die Frauen, von der Gesellschaft häufig verstoßen und in Not und Armut gestürzt. Wie sollte sich unter solchen Voraussetzungen eine beglückende Beziehung zwischen zwei Menschen aufbauen?

Vieles hat sich seither in unserem Kulturkreis gewandelt. Die Gesellschaft ist freier geworden in ihrer Einstellung dem Geschlechtlichen gegenüber, zu frei in vielem, vor allem die jüngere Generation. Nur wenige aus den älteren Jahrgängen konnten sich von den anerzogenen Hemmungen befreien und fanden ihr Glück in einer von unvernünftigen und unnatürlichen Tabus befreiten Partnerschaft. Viele, allzuviele Menschen konnten aber die alten Komplexe nicht loswerden. Die meisten von ihnen sind schon im Ruhestand, die Frauen jenseits der Wechseljahre, ihre Kinder sind versorgt. Vor ihnen liegen, soweit sie gesund sind, noch etliche Jahre, in denen sie frei von Ängsten und anderen Störfaktoren aus der körperlichen Liebe mit ihrem Partner Kraft und Lebensfreude schöpfen könnten.

Doch nicht nur Hemmungen sollen abgebaut werden. Ich möchte vor allem Wege aufzeigen, die auch bei alters- oder krankheitsbedingten Schwierigkeiten die körperliche Vereinigung ermöglichen und zu einer gegenseitigen Erfüllung führen.

Wer den Mut hat, dieses Buch zu lesen, wird Anregungen finden, sein Liebesleben beglückender zu gestalten zum eigenen Wohl und dem Wohl seines Partners. Denn nichts verbindet zwei Menschen stärker, als eine in Liebe vollzogene körperliche Vereinigung. Sagen wir ja zu dieser Liebe, und schämen wir uns ihrer auch im Alter nicht. Dazu besteht wahrlich nicht der geringste Grund!

Mein Buch wendet sich nicht allein an die Kriegsgeneration, denn ständig wachsen neue Jahrgänge in ähnliche Probleme. Wenn die Ausgangslage der jüngeren Generationen auch eine völlig andere war, so unterscheiden sie sich in ihrer späteren Entwicklung in vielem nicht von den Generationen vor ihnen.

Ich habe schließlich versucht, den ganzen Komplex Sexualität verständlicher zu machen. Ich meine, daß wir auf breitester Basis informiert sein sollten über Fakten und Vorgänge, die mehr als alles andere bestimmend sind für unser Sein und unser irdisches Glück.

Bruno Herr

Die Sexualität der Frau

Der Mann solle im Schweiße seines Angesichtes sein Brot essen und die Frau mit Schmerzen Kinder gebären; des Weibes Verlangen sei nach dem Manne. So steht es in der Bibel.

Bei den alten Völkern gehörte die Erde in magischer Weise den Frauen. Sie hatten religiöse und rechtliche Macht über die Scholle und deren Früchte. Vielleicht war deshalb das Matriarchat keine Einzelerscheinung, sondern an eine bestimmte Kulturstufe gebunden. Der Niedergang der Frauenherrschaft begann in unseren Breiten wahrscheinlich mit der aufdämmernden Bronzezeit. Die Metallbearbeitung brachte die Vorherrschaft des Mannes; vielleicht hatte er auch seine Rolle bei der Zeugung erkannt. Charakteristisch für das Mutterrecht war die Gleichsetzung von Frau und Erde. Der Ackerbauer bewunderte die Frucht, die aus der Erde quoll, ebenso wie das Leben, das im Schoße einer Frau heranwuchs. Die Natur erschien ihm als Frau, als Mutter. Die Fähigkeit zu gebären war eine göttliche Gabe, die ihn mit Achtung, ja mit Neid erfüllte.

Zwischen Empfängnis und Niederkunft hatte eine Frau mit so vielen Männern sexuellen Kontakt, daß sie keinen Zusammenhang sah zwischen Geschlechtsverkehr und dem Werden eines Menschen. In ihrer Unwissenheit und in ihrem Aberglauben führte sie die Schwangerschaft auf übernatürliche Kräfte zurück. Der Primitive überfiel die Frau und nahm sie, wenn sie nicht geneigt war, mit brutaler Gewalt. Er mußte erst lernen, ihre Bereitschaft, ihm das Gewünschte freiwillig zu gewähren, durch Freundlichkeit und Schutzgewährung zu gewinnen. So wurde der Mann schließlich über seine Beschützerrolle zu ihrem ständigen Begleiter und Liebhaber.

Die christliche Moral war sexuellem Genuß gegenüber nur so lange tolerant, bis fanatische Glaubenseiferer ihn zum Sündenfall schlechthin abstempelten. Dies blieb er im Christentum über viele Jahrhunderte hinweg. Selbst noch im viktorianischen Zeitalter waren Sittsamkeit und verlogene Prüderie der Maßstab weiblicher Kultiviertheit. Selten bekam ein Ehemann seine Frau nackt zu Gesicht. Die Kleidung verhüllte all ihre Reize wie ein Panzer, selbst nachts.

Der wohlerzogenen Dame wurde nahegelegt, in einem langen Flanellnachthemd mit zusammengepreßten Beinen zu schlafen, damit ihr Mann, falls sie sich im Schlaf aufdeckte, ihre Blöße nicht sehen konnte. Im Dunkeln gewährte sie gerade das Nötigste und brachte damit auch sich selbst um den vollen Genuß der Liebesvereinigung. Glück und Ausgleich fand sie in ihrer Aufgabe als Mutter. Daß die Verdrängung geschlechtlicher Bedürfnisse letzten Endes zu Haß oder zu negativer, bestenfalls gleichgültiger Einstellung allem Sexuellen gegenüber führte, ist nur zu verständlich.

Bis in unser Jahrhundert hinein durfte eine Frau, selbst wenn sie den Oberkörper freizügig entblößte, ihren Fuß nur bis zum Knöchel sehen lassen. Allerdings war gerade die Verhüllung reizvoll für den Mann. Diese weise Zurückhaltung der Frauen ist leider verlorengegangen. Heute sind die Sinne der Männer durch die allzu große „Offenheit" der Damenwelt ziemlich abgestumpft. Der richtige Weg liegt hier wohl in der Mitte.

Während Männer ihre Gefühle bis zum süßen Ende ausleben konnten, wurden Frauen um den erregenden und entspannenden Höhepunkt betrogen. Wenn eine Frau zum Orgasmus kam, war es mehr zufällig als bewußt herbeigeführt, zuzuschreiben vor allem einer günstigen Lage ihrer Klitoris oder einem außerordentlich potenten Partner. Das Recht auf einen Orgasmus stand ihr nicht zu. Schon der Gedanke, eine Frau könne Vergnügen empfinden beim Sexualakt, war verwerflich. Es war nicht einmal bekannt, daß Frauen zu einem Höhepunkt fähig sind.

Die Einstellung der Frau zur Sexualität wurde über Jahrtausende hinweg von dem geprägt, was der Mann ihr zubilligte. Alle nur denkbaren und schier auch undenkbaren Beschränkungen wurden ihr auferlegt, während der Mann sich alle Freiheiten nahm. Die Angst vor dem Verlust der Ehre, die Furcht vor ungewollter Schwangerschaft und vor Ansteckung mit Geschlechtskrankheiten wurden den Mädchen anerzogen. Sie wirkten wie eine tief im Unterbewußten sitzende Urangst. Hinzu kam noch die Angst vor dem Tod im Kindbett.
Wie sollte eine Frau unter diesen Bedingungen Freude und Verlangen nach körperlicher Liebe haben? Wenn sie nach zahlreichen Geburten die Menopause erreichte, war sie in der Regel so verbraucht, daß für sie der Akt kaum mehr als eine lästige Pflichtübung war. Dazu kam, daß sie mit dem Erreichen der Menopause und dem damit verbundenen Verlust der Gebärfähigkeit zu „Matronen" wurden und in der Gesellschaft an Ansehen verloren.

Die Bestimmung zur Mutterschaft

Die Interessen an der körperlichen Liebe sind bei Frau und Mann grundverschieden gelagert. Der Mann, vor allem in der Jugend geplagt von einem heftigen Entleerungstrieb, sucht die sich daraus ergebende Spannung mit höchstmöglichem Genuß abzubauen. Die Frau ist durch ihre Bestimmung zur Mutterschaft die Bewahrende, Fürsorgliche. Sie trägt das volle Risiko und muß deshalb über den Augenblick hinaus denken und handeln und dem potentiellen Vater ihrer Kinder, der seine Freiheit und Unabhängigkeit zu erhalten sucht, eine verlockende Bleibe bieten.

Für die Frau ist im Grunde Monogamie von Vorteil, während der Mann, dem es um einen möglichst unverbindlichen Genuß geht, hiefür nicht in gleichem Maße konzipiert zu sein scheint. Ihm die Vorteile ehelicher Geborgenheit deutlich und schmackhaft zu machen, ist die Aufgabe der Frau.

Es erübrigt sich, darauf hinzuweisen, daß sich diese Aufgabenstellung der Frau, wie sie in früheren Jahrhunderten gegeben war, in den letzten Jahrzehnten durch Fortschritte in der Medizin und den Wandel in der Moralauffassung sowie ihren sozialen Aufstieg grundlegend geändert hat.

Zur Mutterschaft bestimmt, müßte die Frau an sich viel stärker als der Mann vom Sexuellen beherrscht sein. Aber die Männer haben es über Jahrtausende hinweg verstanden, dem anderen Geschlecht alle sexuellen Wünsche abzusprechen. Die Frau, klug und anpassungsfähig wie sie ist, überließ es dem Mann, sie zu verführen; zumindestens ließ und läßt sie ihn auch heute noch in dem Glauben, dies getan zu haben. Sie, die scheinbar Sittsame, muß nicht nur ihrem eigenen, zweifellos vorhandenen Verlangen, sondern auch den Reizen und Verführungskünsten des Mannes für eine schickliche Zeit widerstehen. Erliegt sie zu früh, wird dies vom Mann freudig begrüßt. Mit dem Preis jedoch, daß sie sich in seinen Augen abwertet. Wehrt sie sich zu lange, verliert er eventuell das Interesse an ihr.

Die goldene Mitte zu finden, als anständig zu gelten und dabei doch ausreichende Perspektiven für das Ehebett erkennen zu lassen, ist die Kunst, die häufig über Glück oder Unglück entscheidet.

Zu Hilfe kommt der Frau ihr Instinkt und die Tatsache, daß sie ihr sexuelles Verlangen im allgemeinen besser beherrschen kann als der Mann. So bleibt ihr in der Regel genügend Zeit, weiter zu denken als ihr Verehrer.

Alles, was der Mann begehrt

Im westlichen Kulturkreis erwartet man von einer Frau attraktives Aussehen, Mütterlichkeit, Gefühlswärme, Häuslichkeit, Aufopferungsbereitschaft, das Fehlen von Aggressionen sowie die Fähigkeit, sich unterzuordnen und zu verzeihen. In jeder Frau steckt mehr oder weniger alles, was ein Mann begehrt: Sie ist ihm Mutter, Geliebte, Hausfrau, Kameradin, ja auch Hetäre. Sie spielt die Rolle, in der er sie sehen möchte.

Seine Wünsche treiben sie häufig in die Verstellung. Er erwartet von ihr, daß sie, so er der körperlichen Liebe bedürftig ist, jederzeit freudig dazu bereit ist und ihre Erregung synchron mit der seinen hochschraubt, ohne daß er besonders auf sie einzugehen braucht - sie gibt sich Mühe, ihm willens zu sein. Er erwartet, daß sie, ohne den Höhepunkt erlangt zu haben, sich mit seinem Orgasmus abrupt beruhigt und mit ihm in die Lethargie zurückfällt - sie tut so. Er erwartet, so er sie nicht ein zweitesmal zu beehren wünscht, daß sie einschläft, ohne ein liebes Wort gehört zu haben - auch dies tut sie.

Je vollkommener einer Frau die Verstellung gelingt, desto harmonischer erscheint die Ehe. Die Frau ist das Instrument, auf dem er spielen möchte: Er führt den Bogen, sie ist die Geige, aus der die Töne kommen, gut oder schlecht, je nach seinem Können und Engagement.

Ihr Selbstwertgefühl gewinnt die Frau zu einem Gutteil aus der Beziehung zu ihrem Mann; seine Liebe bestätigt sie als Frau. Dabei will sie romantisch umworben sein. Ihre Sehnsucht nach Zärtlichkeit bleibt ein Leben lang erhalten, latent schlummernd in Trockenperioden und jäh hervorbrechend, wenn der lang ersehnte Regen kommt. Zärtlichkeit bedeutet ihr oft mehr als körperliche Liebe. Eine liebevolle Berührung, eine herzliche Umarmung geben ihr nahezu so viel wie das geschlechtliche Beisammensein, sofern es für sie keinen befriedigenden Abschluß gibt. Die Ouvertüre und der Nachgesang sind ihr wichtiger als die Oper.

In einen inneren Konflikt kann die Frau kommen, wenn sie Mutter wird. In der Mutterschaft verausgabt sie, wie es die Natur von ihr fordert, einen wesentlichen Teil ihrer Gefühle. Dabei kann die Liebe zum Ehemann zeitweise zu kurz kommen. Viele Frauen, die zur idealen Mutter geboren scheinen, sind schlechte Geliebte. Sei es, daß sie in ihrer Bezogenheit auf das Kind die körperliche Liebe gering schätzen, sei es, daß sie einen ungeliebten Partner haben und deshalb alleinige Erfüllung in der Liebe zu ihrem Kind suchen. Natürlich gibt es auch Frauen, die ihren Männern die Beiwohnung lediglich zum Zwecke der Zeugung gewähren und sich ansonsten verweigern.

Zu Hilfe kommt den Frauen, daß sie ihre Gefühle stärker als die Männer durch den Verstand kontrollieren können. Sie geben sich deshalb öfters mit einem zweitklassigen Liebhaber zufrieden zugunsten von Sicherheit und Beständigkeit. Männer hingegen akzeptieren eine weniger gute Hausfrau oder auch eine minder attraktive Gefährtin eher als eine schlechte Geliebte. Erstaunlich, wie viele schöne Frauen in der Ehe versagen, während unscheinbare Wesen oft die attraktivsten Männer zu fesseln vermögen. Und dies weiß Gott nicht immer durch ihren Geist oder ihre hausfraulichen Tugenden.

Den meisten Frauen ist die geschlechtliche Liebe nicht so wichtig wie den Männern. Manche akzeptieren sie als eine durch die Ehe geschlossene Verpflichtung; andere nehmen sie in Kauf, weil sie durch Zärtlichkeiten, Wohlstand, Ansehen und vieles mehr dafür entschädigt werden.

Eine Frau der älteren Generation fühlt sich beschmutzt, wenn nicht Eros dem Sex vorausgeht, oder wenn sie hinterher merkt, daß das Sexuelle für den Mann das alleinige Begehren war.

Der erotisierende Adam

Der Mann reagiert stärker auf das, was er sieht, die Frau leichter und williger auf das, was sie hört. Das hängt wohl mit ihrem Grundbedürfnis nach Sicherheit zusammen, dem mit Worten eher Ausdruck zu verleihen ist als mit optischen Reizen. Was natürlich nicht heißen soll, Frauen reagierten, wie man ihnen in der Vergangenheit nach- oder besser vorgesagt hat, nicht auf visuelle Reize.

Neue amerikanische Untersuchungen beweisen, daß Frauen auf optische Außenreize wie Bilder, Filme, Pornos und Texte beinahe so stark ansprechen wie Männer. Nur werden sie es, wenn sie der älteren Generation angehören, nicht so leicht zugeben.

Man kann sich, meine Herren, auf den Schöpfer verlassen. Er hat bei der Erschaffung des Mannes nicht gepfuscht und ihn so geformt, daß die Frauen beim Anblick seines nackten Körpers erotische Gefühle empfinden. Mag sein, daß sich ihr Entzücken mehr auf den geliebten Partner beschränkt, während der Mann wegen seiner leichteren Ansprechbarkeit auf visuelle Reize durch jedwede Art weiblicher Nacktheit angezogen wird, die seinem Schönheitsempfinden entspricht. Selbst wenn die Urangst vor der Vergewaltigung, die in frühmenschlichen Zeiten üblich war, noch nachwirkt: Sofern zu dieser Befürchtung kein Anlaß besteht, wird eine normal veranlagte Frau vom Anblick eines Adams ebenso erotisiert wie umgekehrt der Mann seit Urzeiten durch eine unbekleidete Eva.

In zunehmendem Maße haben die heutigen Frauen den Mut und nehmen sich die Freiheit, ihr Entzücken beim Anblick eines nackten Mannes zu bekennen. Deshalb setzen Sexualtherapeuten optische Reize und erotische Phantasien zur Behandlung orgasmusgestörter Frauen ein. Dabei steht die Orgasmusfähigkeit durchaus in Wechselbeziehung zum Bildungsgrad einer Frau, obwohl gebildete Frauen häufig weniger feminin wirken. Auch emanzipierte Frauen sind sexuell nicht weniger reaktionsfähig als ausgesprochen frauliche Typen.

Mit einem Wechsel des Sozialstatus kommt es häufig zu einer Veränderung im Sexualverhalten der Frau. Andere Praktiken werden bevorzugt, der gewünschte Reizort wird verlagert, die Phantasien und Wünsche wandeln sich.

Den Frühling zurückholen

Die Generationen nach uns haben es wesentlich leichter, Hemmungen zu überwinden. Sie wurden in einen ganz anderen Zeitgeist hineingeboren und wuchsen unter völlig veränderten Umständen auf. Frauen sind heutzutage aufgeklärter, unterliegen weniger religiösen Einflüssen. Angst vor ungewollter Schwangerschaft ist durch die Pille und andere Verhütungsmittel weitestgehend ausgeschaltet. Sie haben einen Beruf, der sie selbstbewußt macht, und leben nicht mehr wie ihre Mütter oder gar Großmütter in völliger wirtschaftlicher Abhängigkeit von einem Mann. Nicht selten wählen sie sich als Vater ihres Kindes einen Mann, mit dem sie nicht verheiratet sind. Oft hebt ihr Beruf sie über ihren Partner hinaus. Sie emanzipieren sich zusehends, auch im Sexuellen, und stellen ihre Ansprüche. Ihr Geschlechtsleben ist von Anfang an erfüllter oder erfüllbarer. Vielleicht, das ist die Gefahr, wird es zu früh übererfüllt, was zu einer tödlichen Leere für den Rest des Lebens führen kann, zu Todessehnsüchten oder zur Flucht in bittersüße Träume.

Doch dies sind nur mittelbar unsere Probleme, da sie unsere Kinder und Enkel betreffen. Die Frauen, die ich hier vor allem ansprechen möchte, sind geprägt durch eine Erziehung zur Hemmung und Unsicherheit, von dem allmonatlichen Warten auf die Regel und vielem mehr. Für sie war es, wenn sie die Wechseljahre hinter sich gebracht hatten, ein Aufatmen. Die Frauen der Kriegsgeneration, die man um ihren Frühling betrog, haben in ihrem Herbst noch viele Sonnentage verdient.

Daher mein Rat: Holen Sie sich ein wenig von Ihrer Jugend zurück, kaufen Sie sich neue Kleider, machen Sie sich schick! Pflegen Sie sich, Ihre Haut vor allem, sorgen Sie für eine gute Durchblutung und eine geregelte Verdauung. Achten Sie auf eine ausreichende Flüssigkeitszufuhr, auch wenn das Durstempfinden gering ist. Die Haut wird schlaff, wenn man zu wenig trinkt. Benutzen Sie Cremes, selbst wenn Sie von deren Wirkung nicht überzeugt sind. Schon das Einmassieren strafft die Haut und fördert die Durchblutung.
Schränken Sie das Rauchen ein, wenn Sie es nicht ganz lassen können, was besser wäre, denn Nikotin schadet nicht nur Ihrem Teint.
Und stehen Sie zu Ihrem Alter! Ihre Einstellung ist wichtig. Sie ist Ihnen ins Gesicht geschrieben, sie drückt sich aus in allem, was Sie sagen, tun und tragen! Haben Sie Mut zur Farbe, vermeiden Sie jedoch alles schreiend Grelle. Weiße Haare zu einem fröhlichen Gesicht stehen wunderbar, wenn man sie akzeptiert, besser jedenfalls als sichtbar gefärbtes Haar zu sichtbaren Falten. Wenn es Ihr Selbstbewußtsein stärkt oder Ihrem Mann gefällt, färben Sie Ihr Haar. Lieber zu wenig als zu viel, denn je dunkler die Haare sind, desto stärker treten die Falten hervor.

Wenn Sie mit dem Gedanken spielen, sich liften zu lassen, bedenken Sie, daß damit auch Ihre Lachfältchen verschwinden würden und Ihr Gesichtsausdruck ärmer wird. Ich kenne achtzigjährige Damen mit verrunzeltem Gesicht, die einen solchen Charme ausstrahlen, daß ich sie am liebsten umarmen möchte, um ihnen zu zeigen, wie sehr sie auch im Alter noch wirken. Es hat sich gezeigt, daß Frauen umso mehr Zeit für ihre Körperpflege aufwenden, je aktiver ihr Geschlechtsleben ist oder erwünscht wäre.
Man kann nicht ewig jung bleiben. Aber man kann auch im Alter noch attraktiv wirken. Dazu gehört, seinen Geist zu trainieren. Senile Redensarten machen immer

alt. Lesen Sie viel, mehr Bücher als Illustrierte, seien Sie den aktuellen Tagesfragen gegenüber aufgeschlossen.

Selten führen Östrogengaben zu einer direkten Steigerung des sexuellen Triebes. Eine Frau kann ihr Interesse an geschlechtlicher Begegnung durch die Wechseljahre und die begleitenden Beschwerden verlieren. Mit Östrogen ist das vorherige Niveau wieder erreichbar. Vielleicht mehr wegen der Linderung der Beschwerden und der Besserung des Allgemeinempfindens als durch eine direkte Anhebung der Libido. Während es für Frauen, die ohne Pille in die Menopause gingen, zu einer Zunahme der sexuellen Aktivitäten kommen kann, ist dies bei Frauen, die ohne Angst vor einer Schwangerschaft in die Wechseljahre kamen, nicht zu erwarten.

Ihre Kinder sind vielleicht schon aus dem Haus und gehen ihre eigenen Wege. Sie werden daher in der Regel wieder stärker auf Ihren Partner fixiert. Niemand steht Ihnen so nahe. Sie sind angewiesen aufeinander. Seien Sie sich dessen bewußt, und nutzen Sie diese Tatsache positiv, damit Sie es nicht eines Tages bereuen müssen. Machen Sie etwas aus den gemeinsamen Jahren. Reisen Sie, genießen Sie Ihr Leben und schöpfen Sie Lebensmut aus der körperlichen Liebe zu Ihrem Partner, so lange wie möglich. Denken Sie nicht, das schicke sich für Menschen in Ihrem Alter nicht. Sie haben es heute vielleicht nötiger als in Ihren Jugendjahren, Lebenskraft zu tanken.

Nackt in der Öffentlichkeit?

Zum Schluß dieses Kapitels noch ein paar Worte über die Freikörperkultur, der heutzutage ja nicht nur viele junge Menschen huldigen. Es ist unzweifelhaft reizvoll, nackt herumzulaufen. Es erhöht das Lebensgefühl, man erlebt seinen Körper bewußter, vielleicht auch, weil es ungewohnt ist.
Doch soll man sich nackt zeigen in der Öffentlichkeit? Jeder muß das natürlich mit sich selbst ausmachen und mit seinem Partner abstimmen. Aber man sollte eines bedenken: Selbst die primitivsten Wilden tragen einen Lendenschurz, um das Letzte, Persönlichste zu verhüllen. Nur wir Hoch- und Überzivilisierten in unserer kritiklosen Ablehnung jeder Einengung der persönlichen Freiheiten glauben, zeitweise auf minimalste Bekleidung verzichten zu müssen. Nacktheit mag, so eine Frau noch eine jugendliche Figur hat und wohlgeformt ist, das Selbstgefühl heben und für andere eine Augenweide sein. In ungleich höherem Maße kann man dabei aber vor dem Partner an Reiz verlieren, vielleicht, ohne daß ihm das selbst bewußt wird. Daher sollte sich eine kluge Frau gut überlegen, ob sie das zur Schau stellt, was ihren Mann ein ganzes Leben lang verzaubern soll.

Öffentliche Nackheit wertet Dinge ab, die für Menschen in unserem Alters immer noch einen hohen ethischen Stellenwert haben oder haben sollten. In meinen Augen hat die Selbstbeschränkung nichts mit überholter Scham oder antiquierter Prüderie zu tun, sondern ist wohlüberlegt und weise.

Die Sexualität des Mannes

Das Idealbild, das die Frau vom Manne hatte, erfuhr im Laufe der Jahrtausende einen ständigen Wandel. Vom Führer der urzeitlichen Horde bis zum Filmschauspieler, Schlagersänger oder Supersportler unserer Tage war es ein weiter Weg. Immer suchte die Frau einen Mann, den sie bewundern konnte - zunächst wegen seiner physischen Kraft, später traten Macht, Reichtum und geistige Fähigkeiten zunehmend in Konkurrenz mit roher Gewalt.

Der sexuelle Trieb ist beim Mann im allgemeinen stärker als bei der Frau. Die Natur hat ihm nun einmal die Rolle des Aktiven, des Angreifenden zugedacht. Und so greift er an, oft mehr der Stimme des Blutes gehorchend als der seines Herzens oder gar seines Verstandes. Dabei sind sie Träumer, die Herren der Schöpfung, und bei Gott nicht jene Realisten, für die sie sich halten. Oft sind sie Idealisten mit wenig Realitätssinn. Die Frau trifft in nützlichen Dingen meist die besseren Entscheidungen.

In der Vergangenheit gab es für junge Männer große Probleme. Sie standen schon mit fünfzehn, sechzehn Jahren unter enormem sexuellem Druck. Mit zwanzig Jahren hatten sie bereits den Höhepunkt ihrer sexuellen Leistungsfähigkeit erreicht, doch aus Mangel an naturgemäßer Entspannung waren sie meist auf autosexuelle Betätigung angewiesen, soweit sie nicht durch unfreiwillige, nächtliche Samenergüsse zur Ruhe kamen.

Daß sie dann vielfach die Erstbeste heirateten, die ihnen das Heißersehnte erlaubte, wird verständlich. Eine Änderung trat erst ein mit der Erfindung empfängnisverhütender Mittel, vor allem der Pille, die eine Familienplanung und damit einen weitgehend „gefahrlosen" Geschlechtsverkehr ermöglichten. Hinzu kommt der Wandel in den Moralbegriffen, der zu sexueller Aktivität oft schon in sehr jungen Jahren führt.

Ich möchte weiß Gott nicht dem ungezügelten sexuellen Genuß das Wort reden, ganz im Gegenteil, denn allzu leicht verliert an Bedeutung, was zwei Menschen für ein ganzes Leben in inniger Zuneigung verbinden soll. Sie werden frühzeitig vereinsamen und aus seelischer Verarmung die erstorbene Libido mit häufigem Partnerwechsel auszugleichen suchen. Wie der Fliegende Holländer sind sie ewig auf der Suche nach Erlösung. Die hohe Scheidungsrate, soweit junge Menschen überhaupt noch heiraten, spricht eine deutliche Sprache.

Nein, die sexuelle Hemmungslosigkeit der heutigen Jugend ist mindestens ebenso schlecht wie die unnatürlichen Zwänge, denen junge Menschen in der Vergangenheit unterlagen. Der richtige Weg liegt, wie meist, in der Mitte.

Der Mann liebt das spontane Erleben, die ungewöhnliche Situation. Ihn langweilt es bald, zur gleichen Zeit am selben Ort mit derselben Frau dasselbe zu tun, während die Frau sich eher damit zufriedengibt, wenn auch nicht immer mit Begeisterung. Vielleicht ist dies der Grund, weshalb meist der Mann vor der Frau nach Abwechslung sucht. Ihn regt das Abenteuer auf, es läßt ihn manchen Mangel an Qualität vergessen. Das Neue macht ihn phantasiereicher und potenter, als er es unter alltäglichen Umständen ist.

Darum, meine Damen, wenn Ihr Mann schon einmal zur unrechten Zeit am ungeeigneten Ort, aber bei Ihnen, in Wallung gerät: Lassen Sie sich verführen. Sei es bei einem Waldspaziergang oder im Segelboot. Er wird es Ihnen danken, und auch Sie werden profitieren von seinem plötzlich erwachten Temperament. Nebenbei werden Sie einen Grund mehr aus der Welt schaffen, daß er gelegentlich Abwechslung bei einer anderen sucht.

Die Mode gibt Ihnen die Möglichkeit, sich äußerlich Ihrem Mann in stets neuem Outfit zu präsentieren und damit seinem Hang zur Abwechslung und Veränderung ein nicht unwesentliches Stück entgegenzukommen.

Nutzen Sie diese Möglichkeit, und gaukeln Sie ihm vor, eine andere zu sein. Die äußere Verwandlung ist natürlich nicht genug. Präsentieren Sie sich Ihrem Mann auch im Bett gelegentlich ein wenig anders. Vielleicht kennen oder erraten Sie seinen innigsten Wunsch. Kein vernünftiger Mann, schon gar nicht in fortgeschrittenen Jahren, erwartet eine Akrobatin oder etwas, das mit Ihren ethischen oder ästhetischen Begriffen unvereinbar ist. Nutzen Sie den gegebenen Rahmen. Es lohnt sich, seien Sie versichert!

Casansovas sind nicht zu beneiden

Obwohl ich der Ansicht bin, daß (Prostituierte und deren Kunden ausgeklammert) gleich viele Frauen wie Männer untreu sind und beide die Untreue des Partners gleich schmerzlich trifft, spreche ich doch vom Seitensprung eines Mannes anders als von der Untreue einer Frau. Mögen es die Damen auch als ungerecht empfinden, doch es hängt mit der Verschiedenheit in der Bestimmung der Geschlechter zusammen.

Die Frau hat vor allem eine bewahrende Aufgabe: sie ist das Zentrum, um das der Mann sich bewegt. Wenn das Zentrale unstet ist, kommt leicht das ganze System ins Schwanken. Und dann liegt es vielleicht auch ein wenig daran, daß eine Frau mit ihrem gesamten Körper „sündigt". Ihr Leib ist Verlockung an sich. Jeder Zoll wird vom Manne begehrt, während er sehr häufig in seinem Entleerungstrieb nur mit ein paar Zentimetern eines Körperteils untreu wird.

Was ihn zu einer anderen Frau treibt, ist häufig das Ungewöhnliche; vielleicht gewährt sie ihm Dinge, die er bei Ihnen nicht einmal zu denken wagt. Aus ähnlichen Gründen geht er vielleicht auch zu einer Dirne. Doch er wird eines Tages erkennen, daß dies nur ein sexueller Stuhlgang ist, der außer einer nicht zu leugnenden Entspannung höchstens ein schlechtes Gewissen einbringt oder gar Abscheu.

Ich möchte in diesem Zusammenhang ein paar Worte zu dem von Ehemännern so gefürchteten und von Frauen so bewunderten Casanova-Typ sagen. Casanova, der Urahn und Namensgeber aller neuzeitlichen Frauenhelden, war alles andere als ein guter Liebhaber. Sein schlechter Ruf war sein bestes Kapital und die wirkungsvollste Werbung. Er machte neugierig und gab unbefriedigten Frauen Hoffnung auf Liebesglück.

Giacomo Girolamo Casanova, das uneheliche Kind einer Gelegenheitsschauspielerin und Dirne, war bei Nachbarn in Pflege, wuchs dort ohne Liebe auf und wurde schlecht behandelt. Er sollte Theologie studieren, wurde jedoch aus dem Seminar verwiesen, versuchte sich als Journalist, Prediger, Geiger, Abt, Diplomat, Leibwächter, Geschäftsmann und Spieler. Er hatte sichtlich viele Talente, nur eines fehlte ihm: die Fähigkeit, wahrhaft zu lieben. Er liebte nur mit dem Körper. Sein Herz war nie beteiligt an seinen Abenteuern. Ein Leben lang strafte er Frauen, weil seine Mutter ihn verstoßen hatte. Er wies sie ab, ließ sie nicht in sein Herz vordringen und verließ sie meist schon nach der ersten Nacht.

Da er aus all seinen Liebschaften mit leerem Herzen erwachte, blieb er ein ewig Ruheloser auf der Suche nach dem Glück. Wie Casanova selbst berichtete, ließ er 1100 Frauen unglücklich zurück. Daß er sich bei seinen unzähligen Abenteuern keine Geschlechtskrankheit holte, war unter den damaligen Verhältnissen beinahe ein Wunder. Auch die heutigen Casanovas sind gefühlsarm, meist auch ein wenig impotent, da sie stets neuer Reize bedürfen. Frauen, die ihnen verfallen, sind selten zu beneiden.

Ein Mann, der die Abwechslung sucht, wird als Casanova bezeichnet, vielleicht auch als Windhund. Beides sind eher nachsichtige Bezeichnungen. Frauen mit den gleichen Neigungen gelten als Flittchen, wenn man sie nicht mit noch Schlimmerem tituliert. Hierin liegt eine bedeutungsvolle Wertung.

So sehr es die Männer lieben, anderen Hörner aufzusetzen, so gerne sie eine Heldentat daraus machen, anderen die Frau auszuspannen, so wenig Spaß verstehen sie, wenn sie selbst die Gehörnten sind. Sie taten deshalb den Ehebruch in Acht und Bann, vor allem, wenn die Frauen ihn begangen hatten. Sie erhoben zum Dogma, daß die Frau monogam veranlagt sei. Sie sprachen ihr jede Freude an sexueller Betätigung ab, während es ihrer Eitelkeit schmeichelte, wenn man ihre Manneskraft rühmte.

Da jedoch jeder Mann eine Partnerin für den Seitensprung braucht, sind stets genau so viele Frauen untreu wie Männer. Mit dem großen Unterschied, daß Frauen über ihre Seitensprünge nicht reden oder sich gar, wie viele Männer, damit brüsten. Jene Männer, die uns hier interessieren, sind über das gefährliche Alter im allgemeinen hinaus. Sie schwimmen in ruhigerem Fahrwasser, ihre Hormonproduktion ist so weit gedrosselt, daß ihr Geschlechtsleben in bescheideneren Bahnen verläuft. Schopenhauer erklärte, er sei dem Alter dankbar, weil es ihn von dem tyrannischen Ungeheuer Geschlechtstrieb befreit habe. Nun, ganz so weit sind wir noch nicht.

Die endokrinen Drüsen, vor allem die Hoden, haben ihre Aktivität reduziert. Die an der Ejakulation beteiligten Muskeln sind erschlafft, die männliche Potenz hat spürbar nachgelassen. Mit mehr oder weniger stiller Wehmut fühlt der Mann im Alter seine Kraft schwinden. Zu Introvertiertheit neigend, schweigt er über sein Problem zunächst und sucht Ausreden vor sich und seiner Frau. Letzten Endes macht er sie für seine Schwäche verantwortlich und sucht sich vielleicht Selbstbestätigung bei einer anderen, was ihm für einige Zeit auch gelingen mag. Vielleicht findet er eine Ersatzbefriedigung im Beruf oder bei irgendeinem Hobby. Das nahende Ende der Liebesfähigkeit ist für jeden eine schwere Hürde, bei deren Bewältigung auf Dauer nur die eigene Frau helfen kann. Wie sagte Euripides schon vor 2500 Jahren: Der wertvollste Besitz eines Mannes ist eine verständnisvolle Frau.

Selbstbestätigung im Bett

Über die Koitusfrequenz des Mannes in den reiferen Jahren kursieren die unterschiedlichsten Zahlen. Niemand sollte sich an ihnen messen oder von ihnen beeindrucken lassen. Der Wahrheitsgehalt diesbezüglicher Angaben ist zudem äußerst zweifelhaft. Interessanter sind vielleicht die von Religionen vorgegebenen Zahlen. So empfiehlt der Talmud den Verkehr ein- bis siebenmal in der Woche. Der Koran schrieb einmaligen Verkehr mit jeder der vier Frauen in der Woche vor. Von Martin Luther stammt der bekannte Ausspruch: Jede Woche zwier, sind im Jahre 104, und das schadet weder dir noch mir.

Der Geschlechtsverkehr ist für einen Mann in hohem Maße Selbstbestätigung. Seine sexuelle Fähigkeit wird wesentlich beeinträchtigt durch Abhängigkeiten von

Alkohol und Rauschgift. Streß und allzu starkes Essen führen zu einer Einbuße an Libido. Bei all dem handelt es sich, aus welchen Gründen immer, um Ersatzhandlungen. Rauchen soll die Potenz verringern. Man kann davon ausgehen, daß ein zwanghafter Spieler in der Regel in einer gestörten Familie aufwuchs, in der keine Liebe für ihn abfiel. Sein Geschlechtstrieb ist sehr schwach, seine Liebesfähigkeit unterentwickelt.

Ebenso gering ist der Liebestrieb der meisten Führungskräfte, wenn sie nicht abschalten können. Ihre orgasmische Energie - sie ist nicht geringer ist als bei anderen Männern - setzen sie um in geistige Kraft. Verminderte Libido haben alle Männer, die mit schweren Problemen ins Bett gehen. Im allgemeinen ist die Koitusfrequenz bei auf dem Lande Lebenden größer als bei Städtern.

Ein deutlicher Abfall der sexuellen Aktivitäten tritt bei Männern im Alter zwischen 65 und siebzig Jahren ein. Newman Nicols befragte zweihundertfünfzig Männer. Die Hälfte gab an, noch sexuell aktiv zu sein, und zwar zwischen dreimal wöchentlich und zweimal im Monat. Nach Hegeler und Mortenson ergibt sich in Dänemark folgendes Bild männlicher Aktivität: In ihren Fünfzigern sind neunzig Prozent der Männer sexuell aktiv, in den Sechzigern 75 Prozent, mit Siebzig hat jeder zweite Verkehr, mit Achtzig 15 Prozent und mit Neunzig nur noch drei Prozent.

Diese Zahlen, von deutschen Untersuchungen im wesentlichen bestätigt, mögen erstaunen lassen, galt doch bislang bei einem Fünfundzwanzigjährigen die Sexualität als ein Zeichen von Männlichkeit, bei einem Fünfundsiebzigjährigen dagegen als würdelose Lüsternheit. Statistiken beweisen, daß die Koitusfrequenz von Eltern bei der Heirat ihrer Kinder sinkt, während sie nach der Geburt eines Enkels, als sei nun die Sexualität durch die der Kinder bestätigt und sanktioniert, wieder ansteigt.

Soweit die Partner gesund sind und keine schwerwiegenden Probleme haben, kann nach der Menopause eine Zeit sexueller Sorglosigkeit beginnen. Die Auffassung vieler Kinder, Sex sei im Alter unanständig und nicht mehr nötig, verurteilt häufig den verwitweten Elternteil zur Einsamkeit. Dabei ist erstaunlicherweise für viele, die im fortgeschrittenen Alter noch einmal heiraten oder eine lose Bindung eingehen möchten, Sex einer der Hauptgründe, weshalb sie sich einen Partner suchen.

Die spät geschlossenen Beziehungen sind meist sehr viel harmonischer als Ehen von Jungen, da viele Störfaktoren wie Kinder, Schwiegereltern, berufliche Interessen, wirtschaftliche Probleme und sonstige Belastungen weitgehend ausgeschaltet sind. Zudem zwingt die Gewißheit des Todes zur Vernunft und zur Einsicht, die Zeit, die noch bleibt, optimal zu nutzen. Die Partner sind ausgeglichener, haben vielfach den Unwert kleinlicher Streitereien erkannt; sie sind großzügiger geworden nach all den erlebten Enttäuschungen. Sie genießen das körperliche Beisammensein bewußter und dankbarer.

Was nicht heißt, daß nicht auch im Alter Verbindungen auf der Basis rein geistig-seelischer Übereinstimmung, in Kameradschaftlichkeit bei gegenseitiger Achtung und Vertrauen möglich sind, die völlig ohne körperliche Liebe zu einer äußerst harmonischen und beneidenswerten Partnerschaft führen können.

Statistische Untersuchungen beweisen, daß Menschen mit einem Partner länger leben als Ledige, Geschiedene oder Verwitwete. Die Wahrscheinlichkeit, ein Jahr älter zu werden, ist für einen Mann mit 65 Jahren, dessen Partnerin noch lebt, doppelt so groß wie für einen Alleinstehenden. Bei Frauen, die im allgemeinen länger leben, ist der Unterschied nicht so groß. Selbst wenn die körperliche Vereinigung nur einmal im Monat erfolgt und die physische Befriedigung gering ist, so ist die psychische Wirkung als stärkstes Bindeglied zwischen den Geschlechtern enorm.

Es ist ein großer Fehler, sich im Alter seiner sexuellen Wünsche zu schämen. Versuchen Sie im Gegenteil, Ihre Erlebniswelt zu erweitern und zu vertiefen. In jedem Fall ist es besser, die Beziehungen zur eigenen Frau neu zu beleben, als unter psychischen Belastungen für beide Teile Freuden außerhalb zu suchen und in nervlichem und physischem Streß einen Herzinfarkt zu riskieren. Schließlich hat für einen Menschen die geschlechtliche Vereinigung auch einen ethischen Aspekt.

Die Entwicklung der Sexualität

Von der Paarung im Tierreich

Das Leben, daran gibt es keinen Zweifel, entstand im Wasser; dort lebten und pflanzten sich die Urformen ungeschlechtlich fort. Geschlechtlich gleiche Individuen vereinigten sich, verschmolzen miteinander, um sich ohne Befruchtung zu teilen. Es entstand keine Tochtergeneration, vielmehr handelte es sich um eine auf halbem Wege steckengebliebene Fortpflanzung, die über eine Teilung zur Regeneration und Vermehrung der Individuen und damit zur Erhaltung der Art führte. Sicher dauerte es Jahrmillionen, ehe die ungeschlechtliche Fortpflanzung sich zur geschlechtlichen hin entwickelte.

Es ist nicht Aufgabe dieses Buches, die Evolution in all ihren Einzelheiten zu schildern. Ich möchte nur versuchen, einige Wege aufzuzeigen, wie die Natur ihr Hauptanliegen erreichte, die Erhaltung der Art und ihre Weiterentwicklung.

Jede Spezies entwickelte ihr eigenes Verfahren zur Fortpflanzung, das oft sehr skurril anmutet. So besitzen Süßwasserpolypen in ihrer Bauchhaut jeweils weibliche und männliche Keimdrüsen. Wenn die männlichen gereift sind, platzen sie; die Samenfäden ergießen sich ins Wasser, wo sie, wenn sie ein weibliches Tier treffen, deren Bauchhaut durchbohren und in die Keimdrüsen eindringen. Das Prinzip, die männlichen Samen in großer Zahl planlos ins Wasser zu entlassen, war anfangs der einzige Weg zu einer Fremdbefruchtung. Bei Lebewesen der unteren Entwicklungsstufe wie den Austern, Seesternen und auch bei einigen Fischen besteht absolut keine Anziehungskraft zwischen den Geschlechtern. Der Samen wird ohne äußeren Reiz abgelassen.

Als die Tiere das Land eroberten, entfiel das Wasser als Transportmittel für den Samen. Er mußte unmittelbar in das Weibchen eingebracht werden. Es bestand demnach der Zwang zur Entwicklung komplementärer Geschlechtsorgane.

Das Spinnenmännchen wird von dem wesentlich größeren Weibchen nach der Befruchtung verspeist, wenn es ihm nicht gelingt, sich rechtzeitig in Sicherheit zu bringen. Es hat daher wenig Verlangen, sich dem begattungswilligen Weibchen mehr als nötig zu nähern, weshalb es auch keinen körpernahen Penis entwickelte. Es deponiert seinen Samen auf ein selbst gesponnenes Gewebe, taucht einen an den Beinen befindlichen Taster in die Flüssigkeit und füllt damit eine winzige Injektionsspritze, die es in die Geschlechtsöffnung des Weibchens einführt, um nach getaner Arbeit so schnell wie möglich zu enteilen.

Die Gottesanbeterin, eine Heuschreckenart, frißt nach und nach gleich mehrere der sie begattenden Männchen auf. Sie beginnt dabei sinnigerweise mit den Kopf als dem für ihren Zweck unwesentlichsten Körperteil, verzehrt dann die Brust, während das Stummel von Männchen weiterhin seine Aufgabe erfüllt. Die Bienendrohne reißt sich nach der Befruchtung bei der Lösung von der Königin das Glied ab und stirbt daran, während ihre Samenpatrone in der Königin verbleibt und dort lebenslang Zehntausende Eier befruchtet.

Hermaphroditische Tiere, Zwitter also, begatten sich gegenseitig; gelegentlich befruchten sie sich auch selbst. Weinbergschnecken haben ihre Geschlechtsöffnung hinter dem rechten Ohr, weit entfernt von der Ausscheidungsöffnung. Die Tiere haben sowohl männliche als auch weibliche Organe und benutzen sie gleichzeitig.

Das Molchmännchen rührt sein Weibchen nicht an, während es sein Samenpaket ablegt, das mit der „Kloake" aufgenommen wird. Das Seepferdchen geht den umgekehrten Weg. Das aktive Weibchen ist in seinem glänzenden Hochzeitskleid viel ansehnlicher als das Männchen, das es umtanzt und mit seinem Greifschwanz zu umfassen sucht. Schaukelnd und schwankend steigen beide Tiere gemeinsam zur Wasseroberfläche, wo das Männchen seinen Bauch zu einem Sack aufbläst. Das Weibchen steckt nun ein penisförmiges Organ aus dem Körper und versucht, die Eier in die Bauchtasche des Männchens abzulaichen, das im gleichen Augenblick seinen Samen abläßt. Das Männchen ist schwanger und übernimmt nach der Geburt Ernährung und Aufzucht der Jungtiere.

Entwicklung der männlichen Geschlechtsorgane

Nach diesen zum Teil doch recht verwunderlichen und abenteuerlichen Wegen zur Vermehrung entschied sich die Natur für die Ausbildung eines Penis, der nach entsprechender Erektion den Samen in die weibliche Körperhöhle einbringt. Dieses Verfahren hat einen Vorteil: Es muß nicht eine übergroße Anzahl von Eiern produziert werden; die eingesparte Energie wird verwendet, um eine begrenzte Anzahl von Embryonen im Körper des Weibchens zur Reife zu bringen. So wurde das Heranwachsen der Jungtiere in der besonders gefährdeten Anfangsphase entscheidend verkürzt.

Form und Länge des Penis variieren außerordentlich. Bei Walen kann er zweieinhalb Meter erreichen, während er bei Insekten oft mikroskopisch klein ist. Das komplizierteste männliche Geschlechtsorgan hat unzweifelhaft der Floh. Es erscheint unmöglich, diese Konstruktion in die weibliche Geschlechtsöffnung einzuführen. Und doch ist der Floh nicht ausgestorben. Großflügeligen Schmetterlingen sind oft die Flügel im Wege, sie paaren sich daher Ende an Ende, in entgegengesetzte Richtung blickend.

Auf keinem Gebiet beweist die Natur solch einen Einfallsreichtum wie bei der Fortpflanzung. Den größten Erfolg hatte sie jedoch mit der Einführung eines eregierten Penis in die weibliche Scheide. Die Entwicklung eines Phallus begünstigte die Entwicklung tierischen Lebens auf der Erde entscheidend und ermöglichte höhere Lebensformen.

Bei den meisten Vögeln, ausgenommen Enten, Emus und Strauße, haben die Männchen noch keinen ausgebildeten Penis, sondern ein warzenähnliches Gebilde am Ende des Samenganges. Bei der Begattung wird die Warze auf die weibliche Kloake gepreßt, die der Aufnahme und dem Transport des Samens sowie als Legerohr und zur Ausscheidung dient.

Der Penis, von der Natur bei den Insekten erprobt, bewährte sich. Deshalb kam die Evolution immer wieder darauf zurück. So haben seltsamerweise die auf relativ niedriger Stufe stehenden Knorpelfische ein penisähnliches Gebilde, das in der Afterflosse verborgen ist und in die Kloake des Weibchens eingeführt wird. Was die Vermehrung betrifft, ist der Hai also den Säugetieren nahegekommen. Wale paaren sich während eines Sprungs aus dem Wasser, Bauch an Bauch, in Sekundenschnelle.

Den eigentlichen Penis entwickelten erst die Reptilien. Ihr Organ wurde von den Schlangen und Eidechsen verbessert, die gabelförmige Halbpenisse bildeten, die aus dem After hervorgetreckt und in den After des Weibchens eingeführt werden. Bei Elefanten, geflecken Hyänen, Bibern und Gorillas ist der Penis kaum zu finden. Bei Fleischfressern ist er zwecks besserer Erektion zusätzlich mit einem Penisknochen ausgestattet. Wölfe und Hunde bleiben nach der Paarung für einige Zeit aneinander hängen, weil der Basalteil des Penis zu einer Knolle anschwillt und sich die Scheidenmuskulatur der Weibchen zusammenzieht. Bären bleiben gar für Stunden oder Tage aneinander gebunden. Die Gerenuks (eine der elegantesten Antilopenart) paaren sich im Laufen. Die Palette des Kuriosen und Erstaunlichen ließe sich noch lange fortsetzen.

Die Vollendung des männlichen Geschlechtsapparates erreichte die Natur zweifellos beim Menschen. Der Penis ist Ausscheidungsorgan und hat die Aufgabe, den Samen des Mannes in die Scheide der Frau einzubringen. Er dient dem Mann als Rezeptor und Transformator der Reize und der Frau zur Stimulation. Seine Fähigkeit, äußerst lustvolle Gefühle zu empfangen und zu vermitteln, seine Unabhängigkeit vom Willen und sein machtvolles Anschwellen gaben ihm von jeher eine Sonderstellung unter den Körperorganen.

Der Phallus, ein vergöttertes Symbol

Der Penis wurde frühzeitig zum Gegenstand der Verehrung, und dies keineswegs nur bei primitiven Völkern. Durch Alexandria, der Hauptstadt des damaligen Ägyptens und dem Zentrum der Künste und Wissenschaften, ließ der Herrscher Ptolomäus eine riesige, hundertzwanzig Ellen lange Phallusdarstellung fahren, die von der Bevölkerung ehrfurchtsvoll bewundert wurde. Jede Ägypterin von Rang und Stand trug bei Festen einen kunstvoll aus Holz geschnitzten Phallus, so groß wie nur irgend möglich, an einer Kette um den Hals. Die Götterstatuen wiesen einen überdimensionalen Phallus auf.

Rom übernahm den Phalluskult, und mit der Ausbreitung des Römischen Reiches verbreitete sich die Verehrung des männlichen Zeugungsorgans. Über so manchem Stadttor hing als Abwehrzauber ein überdimensionaler Phallus. In Form eines fascinums wurde ein Phallussymbol den kleinen Kindern um den Hals gehängt, um den Blick des Bösen abzuwenden. In der Antike galt die männliche Geschlechtskraft als göttliche Offenbarung. Priapus war ein phallischer Gott, dem Pan verwandt, ein Gott der Vegetation; er beschützte und unterstützte die geschlechtlichen Vorgänge in der Natur und wurde durch ein Tier symbolisiert, wegen ihrer Ähnlichkeit mit den männlichen Geschlechtsorganen vor allem durch die Schlange.

Niedergang und Fall des Phalluskultes liefen in etwa parallel mit dem Verfall des Römischen Reiches. Priapus wurde zu einer Art Vogelscheuche, die mit riesigem, rot angemaltem Phallus Vögel und Diebe vertreiben sollte. Als der Einfluß des Christentums zunahm, galten die am Sexualakt beteiligten Organe bald nicht mehr als Behausung Gottes, sondern als Werkzeuge des Teufels.

Die Entwicklung des weiblichen Geschlechtsorgans

Die Entwicklung der Vagina aus der tierischen Kloake war ein sehr komplizierter und langwieriger Vorgang. Die Exkremente erhielten bei den weiblichen Tieren erst lange nach der Entwicklung des Phallus einen gesonderten Ausgang, während die flüssige Ausscheidung bei Männchen und Weibchen gleichermaßen in die Geschlechtsapparate integriert wurde. Bei den Weibchen entstand zunächst eine Harn- und Geschlechtsbucht, der spätere Scheidenvorhof, das sogenannte Vestibulum.
Diese Bucht verflachte bei höher entwickelten Lebewesen, während sie bei den auf niedriger Stufe stehengebliebenen, wie beispielsweise den Elefanten und Beuteltieren, röhrenförmig ausgebildet ist und eine Scheidenfunktion übernimmt; die eigentliche Scheide fehlt. Bei den Katzen ist die Geschlechtsröhre halb Vestibulum, halb Vagina; bei Hund und Schaf macht die Scheide bereits drei Viertel der Gesamtlänge aus. Erst beim Menschen ist die Scheide voll ausgebildet. Aus dem Geschlechtshöcker an der vorderen Kloakenwand entwickelte sich die Klitoris.

Der Bau der weiblichen Scheide wird bestimmt von ihren unterschiedlichen Funktionen. Als Begattungsorgan müßte sie zur Aufnahme sexueller Reize und zur Stimulation des Partners möglichst eng und elastisch sowie hypersensibel und hypersensibilisierend sein. Zur optimalen Erfüllung ihrer Aufgabe als Geburtskanal sollte sie dagegen möglichst weit, gut dehnbar und weitgehend unempfindlich gegen Schmerzen sein. Außerdem muß sie geschützt liegen, der dahinter liegende Raum dem Wachstum der Frucht genügend Ausdehnungsmöglichkeiten bieten. Die Natur ging einen goldenen Mittelweg, der all diesen Anforderungen so gut wie irgend möglich gerecht wurde.

Da die Scheide vordergründig der Fortpflanzung dient, der die Geschlechtlichkeit unter Lustgewinn untergeordnet ist, ging es vor allem um die Sicherstellung von Befruchtung und Geburt. Deshalb wurde der Hauptrezeptor für die sexuellen Reize der Frau, die Klitoris (was das Eingeschlossene bedeutet), aus der Scheide herausgenommen und oberhalb der Harnröhre plaziert. Dort fristete sie bis in unser Jahrhundert ein mehr oder weniger unbeachtetes Dasein. Beim Geschlechtsverkehr wird sie nur unter bestimmten Konstellationen berührt und damit stimuliert.

Es dauerte Jahrtausende, ehe die Männer die Funktion des Kitzlers als Lustrezeptor und damit Orgasmusauslöser der Frauen erkannten und sich seiner bedienten. Innnerhalb der Scheide ist das äußere Drittel, in dem die orgastischen Kontraktionen ablaufen, gegen Dehnung, Berührung, Wärme, Kälte, Stoß und elektrischen Reiz empfindlich. Im Mittelteil sind die Empfindungen stark herabgesetzt, während der Rest der Vagina völlig schmerzfrei ist. Nur Dehnungsreize, vor allem plötzliche, sind bedingt wahrnehmbar. Hier können kleine Eingriffe ohne Betäubung vorgenommen werden. Erst intensive Dehnung führt auch hier zu Empfindungen, über die Nachbarorgane indirekt auch zu Schmerzen.

Die Scheide selbst ist sehr stiefmütterlich mit Rezeptoren und Endkörperchen zur Reizaufnahme ausgestattet, da diese beim Geburtsvorgang zu unerträglichen Schmerzen führen würden. Die Verlagerung der äußersten Empfindlichkeit in die weit abseits liegende Klitoris, die auf einem Bruchteil der Oberfläche etwa die gleiche Anzahl von Nervenenden aufweist wie die männliche Eichel (mit der sie, wenn auch stark verkleinert, gewisse Ähnlichkeit hat), stellt weitgehend sicher, daß der Mann beim Geschlechtsverkehr vor der Frau zum Orgasmus kommt.

Das Anliegen der Natur ist nun einmal die Befruchtung. Um sie zu erreichen, ist der Orgasmus der Frau nicht erforderlich. Im Gegenteil: Bleibt sie unbefriedigt, ist sie weiterhin begattungsbereit für den Fall, daß beim ersten Akt keine Befruchtung erfolgte. Das Lustempfinden der Frau ist nur der Köder, der sie paarungswillig macht.

Die Verehrung der weiblichen Genitalien erfuhr nie eine derartige Verbreitung wie die der männlichen. Viel stärker verbreitete sich die Verehrung der Frau selbst. Der Kult der Aphrodite erlangte Popularität über die ganze damals bekannte Welt. Mittelpunkt des Kultes war der Aphrodite geweihte Tempel auf dem herrlichen Gipfel von Akrokorinth.

Hormone steuern die Paarung

Bei den meisten höheren Tieren, vor allem bei den Arten mit längerer Entwicklungsdauer bis zur Geschlechtsreife, gibt es jährlich nur eine Paarungszeit. Sie liegt in unseren Breiten so, daß die Jungen im Frühjahr, als der für die Aufzucht günstigsten Jahreszeit, geboren werden.

Schimpansenweibchen, dem Menschen in der körperlichen Entwicklung sehr nahestehend, werden alle 35 Tage brunftig. Bei vielen Tierarten kommt es jährlich nur einmal zur Entwicklung befruchtungsfähiger Eier, was die Weibchen zu dieser Zeit paarungsbereit macht. Die Paarungsbereitschaft erlischt nach einer gewissen Zeit und erwacht erst wieder, wenn die letzte Nachkommenschaft gesichert ist. Synchron mit dem Ansteigen der Paarungslust der Weibchen werden auch die Männchen paarungsbereit.

Einige Tierarten treten große Wanderungen an, um die Partner und das Brutgebiet zu erreichen. Vor allem Weibchen treffen zur Paarungs- bzw. Setzzeit Vorkehrungen zur Aufnahme der Eier oder der Brut; sie bauen zum Teil kunstvolle Nester. Die sonst jeder Gefühlsregung unfähig scheinenden Männchen umwerben die weiblichen Tiere mit Methoden, die erstaunlich und den menschlichen nicht unähnlich sind: Sie legen ein besonders prächtiges Hochzeitsgewand an, führen tanzartige, werbende Bewegungen aus; sie singen, machen kleine Geschenke und folgen blindlings, oft unter Außerachtlassung jeglicher Vorsicht, ihren Umworbenen; selbst die Nahrungsaufnahme tritt weitgehend in den Hintergrund.

Manche Arten suchen mit herausgestreckter Zunge die weiblichen Genitalien zu berühren. Sie sind eifersüchtig, und ansonsten friedliche Tiere tragen mit Rivalen Kämpfe aus, die mitunter tödlich enden. Sie paaren sich oft bis zur völligen Erschöpfung, manche Arten sterben unmittelbar nach der Eiablage.

Wenn der von Hormonen gesteuerte Paarungstrieb schon bei Tieren zu erstaunlichem Verhalten führt, was bewirken die Hormone erst beim Menschen?

Bei ihm gibt es einen grundsätzlichen Unterschied, da Frauen im gebärfähigen Alter alle vier Wochen ein befruchtungsfähiges Ei entwickeln. Die Entwicklung des Eies bestimmt weitgehend die Stärke der weiblichen Paarungsbereitschaft. Durch den monatlichen Zyklus ergab sich die Notwendigkeit, den Mann ständig mit einem solch hohen Hormonspiegel auszustatten, daß er jederzeit paarungsfähig ist.

Durch die Sexualhormone wird vor allem unser Verhalten zum anderen Geschlecht bestimmt, was letzten Endes zur Ausbildung des schönsten aller Gefühle führte, der Liebe nämlich. Darüber hinaus beeinflussen sie viele Funktionsabläufe in unserem Körper. Doch darüber mehr im folgenden Kapitel.

Sexualität und Psyche

Sexualität ist ein wesentlicher Teil der Persönlichkeit eines Menschen. Durch die Sexualhormone werden der Geschlechtstrieb bestimmt und die körperliche Verfassung sowie die geistig-seelische Stimmungslage wesentlich beeinflußt.

Ein mit Sexualhormonen reichlich ausgestatteter Mensch ist, sofern er nicht seine ganze Energie bei sexuellen Aktivitäten verbraucht, auch im sonstigen Leben aktiv. Er kann natürlich seine für das Sexuelle bestimmte Energie völlig anderen Zwecken zuführen, so daß es oft schwer ist, die Wurzeln der Kraft zu identifizieren. Wir merken, daß der ganze Mensch erschlafft, nicht nur körperlich, wenn wir uns sexuell einmal zu sehr verausgaben. Und wir fühlen im Alter, daß mit dem Nachlassen der Produktion von Sexualhormonen der Geschlechtstrieb nachläßt und die sonstige Spannkraft abfällt.

Unmittelbar nach dem Orgasmus erreichen Mann und Frau einen Zustand wunschloser Neutralität. Die Körper wirken schwerelos, noch schwingt in ihnen das Nachbeben des Orgasmus. Beide empfinden bei einem Gefühl entspannter und wohliger Müdigkeit in einem zarten Rieseln das Abfließen des entstauten Blutes aus dem Beckenbereich. War der Höhepunkt kein beglückendes Erlebnis, so ist es natürlich möglich, unter den Neutralitätspunkt zu fallen und mit Mißmut, Gereiztheit und Aversion gegen den Partner aus dem Gefühlsrausch zu erwachen. Eine negative Gefühlsbilanz entsteht häufig nach einem Orgasmus, der durch Selbstbefriedigung herbeigeführt wurde.

Nicht unerwähnt darf bleiben, daß die geistig-seelische Erschlaffung im Alter eher geringer wird. Das hängt wahrscheinlich mit der Gewöhnung des Körpers an die Erschütterung durch den Orgasmus zusammen und, vor allem beim Mann, vielleicht auch mit dem entscheidend geringeren Substanzverlust wegen der ständig abnehmenden Menge an ausgestoßenem Samen.
Wahrscheinlich spielt auch das im Alter meist weniger starke Orgasmusgefühl eine Rolle. Nach der Entladung beginnt schon wieder die hormonelle Aufladung. Für die meisten Frauen ist aber, sofern sie nicht multiorgastisch veranlagt sind, eine weitere Stimulation am Kitzler unangenehm. Gerade diese ans Schmerzhafte grenzende Empfindsamkeit der Klitoris ist ein sicheres Zeichen, daß die Frau einen Orgasmus hatte, außer sie spielt die Empfindlichkeit nur, um den Mann im Glauben zu lassen, sie zum Höhepunkt gebracht zu haben. Auch dem Mann ist eine Stimulation des Penis unmittelbar nach erfolgtem Höhepunkt nicht angenehm, weil das Glied dann überempfindlich ist.

Ein junger Mann braucht ein paar Minuten bis zu einer Viertel Stunde, ehe er nach entsprechender körperlicher oder auch gedanklicher Stimulation wieder eine ausreichende Erektion haben kann. Mit zunehmendem Alter wird es für einen Mann immer unwahrscheinlicher, mehrere Male hintereinander zum Höhepunkt zu kommen. Nach längerer Abstinenz ist das am ehesten möglich. Je beglückender der Akt war, desto größer ist der Rest an Libido, umso früher erwachen Wunsch und Fähigkeit für eine erneute Vereinigung.

Ein Mensch mit ausgeglichenem Liebesleben wirkt auch im Leben ausgeglichen, da entstehende sexuelle Spannungen regelmäßig abgebaut werden. In einer Zeit des Erfolges oder entspannter Ruhe bei guter Gesundheit erreichen die sexuellen Spannungen ein höheres Niveau als in Zeiten mit negativer Gemütslage, die bedingt sein kann durch Mißerfolge, Schwierigkeiten, Krankheiten usw. Wir verspüren also in positiven Zeiten ein stärkeres Bedürfnis nach sexuellem Kontakt und können dem auch nachgeben, ohne dadurch in ein Gefühlstief zu gelangen.

Beeinflußt wird im Alter, wenn die hormonelle Aufladung gering ist, das sexuelle Verlangen vor allem durch die Zuneigung zum Partner und das wechselseitige

Verhalten. Sind zwei ältere Menschen aufmerksam und zärtlich zueinander, wird sich das Bedürfnis nach körperlicher Vereinigung und die Fähigkeit dazu eher einstellen als bei gleichgültigem, lieblosem Verhalten.

Entscheidend ist die Grundstimmung beim Zubettgehen. Oft wird in zunehmendem Alter erst beim Auskleiden, beim körperlichen Kontakt im Bett, beim Austausch von Zärtlichkeiten, der zufälligen, mehr oder weniger absichtslosen Berührung der Genitalien das Verlangen nach sexueller Vereinigung geweckt. Das Schlafen unter einer Decke, wie es besonders in den sogenannten französischen Betten üblich ist, birgt die Gefahr, daß durch die ständige Berührung verstärkt Reize aufgebaut werden, die zu vermehrtem Entspannungsbedürfnis führen. Der Hormonverlust durch zu häufiges Orgasmieren kann das seelische Gleichgewicht stören. Überreiztheit und Abstumpfung, schließlich Abkehr oder gar Abscheu vor dem Sexuellen sind die Folge.

Sex steigert das Wohlbefinden

Aus der Tatsache, daß die Geschlechtshormone unser Lebensgefühl und unser seelisches Wohlbefinden entscheidend beeinflussen können, ergibt sich die Möglichkeit, sie mit Überlegung nutzbringend in unser Leben einzubauen. Dies ist für Menschen, die sich schon im Ruhestand befinden, im allgemeinen ohne größere Bedeutung. Sie sind ja in der Regel nicht mehr extremen Belastungen ausgesetzt; zudem ist ihre seelische und geistige Erschlaffung nach einem Orgasmus ohnedies nicht so ausgeprägt.

Im Alter ist ein intimes Beisammensein immer ein Gewinn, egal, ob es zum Orgasmus führt oder nicht. Den Jüngeren, beruflich noch Aktiven, möchte ich allerdings raten: Halten Sie, wenn Sie sich in einer schwierigen Phase befinden, die Koitusfrequenz bewußt so niedrig wie möglich. Orgasmische Entladung verbraucht Energien, die Ihnen vielleicht im Lebenskampf fehlen.

Ich möchte noch weiter gehen und sagen: Selbst in ausgesprochenen Hoch-Zeiten sollten Sie es vor besonderen Anforderung, selbst wenn Zärtlichkeiten zu Reaktionen und Wünschen führen, ausnahmsweise nicht zum Orgasmus kommen lassen. Brechen Sie die Stimulation rechtzeitig ab und sparen Sie die Energien auf. In einer Zeit höchster Anforderungen an unsere geistige und seelische Spannkraft ist dies ein bewußter und vernunftgemäßer Einsatz sexueller Kraft. Wenn auch nichts so viel an Energie und Lebenskraft zu wecken vermag wie eine heiß ersehnte, körperliche Vereinigung mit eruptivem Orgasmus: man soll Herr über seine Gefühle sein, nicht ihr willenloser Sklave!

Mohammed, Allahs Prophet, praktizierte nach seiner ersten Ehe mit Chadidscha, die ihm sechs Kinder geboren hatte, nur noch den Coitus reservatus. Er kam beim

Geschlechtsverkehr nicht mehr zum Höhepunkt, absichtlich, weil er sich seine Lebenskraft erhalten wollte. Seine weiteren zwölf Ehen blieben kinderlos.

Vor einem Verkehr ohne Höhepunkt wurde, ähnlich wie vor der Selbstbefriedigung, vielfach eindringlich gewarnt. Er führe zur Impotenz, hieß es. Die Erfahrungen der Oneida Genossenschaft in New York, in der der Coitus reservatus systematisch praktiziert wird, widerlegen diese Befürchtungen. In Spanien wird die Carezza angewandt, eine Art Yoga, bei der der Penis bewegungslos in der Scheide belassen wird, um den Höhepunkt zu vermeiden. Es erfordert ein hohes Maß an Selbstbeherrschung und eine starke Potenz, die Erektion aufrecht zu erhalten.

Meine Gedanken über die Kontrolle und den bewußten Einsatz sexueller Energie sollen eine Anregung sein, die Auswirkungen des Geschlechtsverkehrs auf die geistig-seelische Verfassung zu beobachten und sich entsprechend zu verhalten. Ein allgemein gültiges Rezept gibt es nicht. Jedes Extrem, egal nach welcher Seite, ist auf Dauer von Übel. Bleiben wir daher in der goldenen Mitte. Sie verbürgt lange und ungetrübte Freude an der Liebe.

Sexualität und Erotik

Erotik, im weiteren Sinne die seelisch verinnerlichte Liebe, in ihrer engeren Bedeutung die geschlechtliche Liebe, hat ihren Namen von Eros, dem jugendlichen Begleiter der Liebesgöttin Aphrodite.

Seit Plato gibt es zwei Auffassungen von Eros: eine, die nur im Zusammenhang mit der Liebe der Geschlechter steht, und eine zweite, durch Plato begründete, als All-Liebe gedachte. Die Liebe zu allem Guten und Schönen schließt neben den Menschen die gesamte Natur und auch die Kunst mit ein. Plato meint nicht nur die Liebe rein seelischer Art, die man irrtümlich als platonische Liebe bezeichnet. In ihr hat sehr wohl die körperliche Liebe zwischen Mann und Frau, die in der geschlechtlichen Vereinigung gipfelt, ihren Platz.

Natürlich kann das Sexuelle auch außerhalb jeder Erosbeziehung liegen. Der animalische Geschlechtsakt ist ein rein biologischer, um nicht zu sagen mechanischer Vorgang. In ihm drängt sich das Gefühlte in den kurzen Augenblicken vor dem Höhepunkt ekstatisch zusammen und mündet nach Erreichen des Endzweckes in Ernüchterung, seelischer Leere und Loslösung vom Partner. Man liegt in seiner ganzen menschlichen Jämmerlichkeit beieinander. Was bleibt, ist oft Einsamkeit, vielleicht Scham oder gar Abscheu vor dem anderen und sich selbst.

Der Eros hat seine eigenen, verstandesgemäß nicht begründbaren Maßstäbe; er sucht eine Schönheit höherer Art, die weder mit der Elle gemessen noch mit Preisen gekrönt werden kann. Nicht Schönheit bestimmt, was wir lieben, sondern die Liebe bestimmt, was wir schön finden, sagt Walter Schubert in „Religion und Eros". Wie alles, was vom Eros bestimmt wird, ist seine Schönheit nicht an ein Alter gebunden; denn sie bietet Harmonie statt Ebenmaß, Charme und Zärtlichkeit statt Begierde. Eros stellt auch die weiblichen Reize nicht derart in den Mittelpunkt, daß sie im Alter zwangsläufig an Attraktivität verlieren müssen. Sie gehören vielmehr zur Gesamtpersönlichkeit, in denen die äußeren Schwächen durch die inneren Werte überstrahlt werden.

Wahre Erotik hat Verständnis, ihr ist Opferbereitschaft selbstverständlich. Der in diesem Sinn Liebende wird nichts fordern oder tun, was die Würde des anderen verletzt oder seine Achtung aufs Spiel setzt. In einer sexuell begründeten Partnerschaft hingegen fühlt sich jeder als Besitzer, der Erfolge sammelt, weil er ihrer zur Selbstbestätigung bedarf; die Untreue des anderen trifft vor allem seinen Besitzerstolz, die eigene ist kein Gesprächsthema. Ein Verhältnis, das allein auf geschlechtlicher Grundlage basiert, wandelt sich kaum zur wahren Liebe.
In den Liebesstunden, die vom Eros beherrscht werden, hüllt die Seele den Körper ein, sagt Stendhal. Die Zeit für die rein sexuelle Liebe ist begrenzt, die für eine erotische nicht. Die wahre Erosliebe nimmt den Partner, wie er ist; sie lächelt über seine kleinen Schwächen, ohne sie beseitigen zu wollen.
Zärtlichkeiten, die vom Eros ausgehen, sind der Schlüssel zum Herzen des Partners und besonders im Alter das Elixier, das die Fähigkeit erhält, Lebensfreude aus der körperlichen Liebe zu schöpfen.

Lieben mit allen Sinnen

Mehr noch als in jungen Jahren erfordert im vorgeschrittenen Alter jeder Liebesakt eine gebührende Einleitung, eine Ouvertüre, die auf das Hauptanliegen einstimmt und die Voraussetzungen dafür schafft. Ein ausgiebiges Vor- und Nachspiel ist besonders für Frauen wichtig, denen der Geschlechtsverkehr selbst nichts bringt, weil der Partner es nicht versteht, sie mitzureißen, in gleichem Maße am Lustgewinn zu beteiligen und letzten Endes zum Höhepunkt zu bringen.
Frauen, denen das Beisammensein altersbedingt Beschwerden oder gar Schmerzen bereitet, die sich aber dem Partner nicht verweigern wollen, ist das zärtliche Drumherum ein kleiner Ausgleich. Deshalb ist dieses Thema besonders wichtig, weil sich vor allem im Vorspiel entscheidet, wie die Partner zum Geschlechtsverkehr eingestellt sind.
Wir, die hier angesprochenen Männer, genießen noch immer das körperliche Bei-

sammensein, auch wenn wir keine lustvollen Jünglinge mehr sind, die eine auf Hochtouren arbeitende Hormon- und Samenproduktion in die Arme einer Frau treibt. Sie, die Frauen, unterliegen nicht mehr den Ängsten und Schwankungen des Monatszyklus, der sie zur Zeit des Eisprungs besonders liebesbedürftig machte, was den meisten nicht einmal bekannt war. Wir haben unsere Sturm-und-Drang-Periode hinter uns gebracht und bedürfen zur sexuellen Aktivierung schon eines zusätzlichen Aufbaues von Spannungen, wie sie durch Zärtlichkeiten aller Art entstehen. Ein liebes Wort, ein liebevoller Blick, gelegentlich ein Streicheln, eine kleine Aufmerksamkeit, ab und zu eine zarte Berührung, ein Kuß, wenn einem danach zumute ist. Dazu gibt es am Tag genügend Gelegenheit, nicht nur abends im Bett.

Zur Einstimmung ist es wichtig, die erogenen Zonen des Partners zu kennen und seinen Wünschen entsprechend zu stimulieren. Im Laufe der Jahrzehnte wird so manches Routine, so auch dies; vieles geht vergessen oder wird aus Bequemlichkeit nicht mehr praktiziert. Es ist nie zu spät, gelegentlich wieder einmal voll in die Tasten zu greifen und alle noch verfügbaren Register zu ziehen. Es geht besser, als Sie glauben, Sie werden erstaunt sein.

Ausstrahlung bis ins hohe Alter

Ich möchte Sie daran erinnern, daß in der Liebe alle, wirklich alle Sinne zur Aufnahme von Reizen geeignet und an einem vollkommenen Akt auch beteiligt sind. Vielleicht stumpfen sie im Laufe eines langen Lebens ein wenig ab, doch liegt es aber bis zu einem gewissen Grad sicher an uns, wenn sie zu sehr an Attraktivität verlieren.

Beginnen wir mit dem Auge. Mit Sicherheit muß unser Sehen am nachsichtigsten sein im Alter. Beide Partner sind in der Regel nicht mehr jugendlich frisch: da haben sie Speck angesetzt, dort wird die Haut schlaff und faltig, was nur in sehr engen Grenzen beeinflußbar ist. Hinzu kommen leider allzu oft Gebrechen verschiedenster Art, die uns nicht gerade begehrenswert erscheinen lassen. Aber es gibt meist genügend Körperteile, die bis ins hohe Alter ihre Ausstrahlung behalten können, vor allem, wenn wir uns eine innere Jugendlichkeit erhalten haben.

Das Strahlen der Augen, das Lächeln des Mundes, der Anblick von Nase und Ohren können liebevolle Gedanken wecken. Schöne Waden, wohl geformte Rundungen sowie der unmittelbare Genitalbereich können uns verzaubern. Der Po bekommt meist erst sehr spät Falten. Anderes, das stärkere Zeichen des Alterns zeigt, müssen wir ja nicht unbedingt dem grellen Licht aussetzen. Eine gedämpfte Beleuchtung im Schlafzimmer ist ohnedies vorteilhaft; sie schafft eine romantische, zu verträumtem Genießen geeignete Atmosphäre.

Wann haben Sie übrigens zum letzten Mal die Augen Ihres Partners geküßt? Augen sind auch im Alter für Zärtlichkeiten sehr empfänglich!

Es soll Voyeure geben, die allein durch einen besonders erregenden Anblick zum Orgasmus gelangen können. Ich hoffe, Sie gehören nicht zu denen. Doch die Tatsache beweist, welche Wirkungen von visuellen Eindrücken ausgehen können.

Ein liebes Wort öffnet den Himmel

Und dann das Gehör! Entsinnen Sie sich noch an das erste „Ich liebe dich!", das Ihnen zugeflüstert wurde? Wann haben Sie Ihrem Partner zum letzten Mal gesagt, daß Sie ihn lieben? Na, dann wird es höchte Zeit! Nichts ist so beglückend wie das, was das Ohr vernimmt. Das gesprochene Wort bestätigt, was man erhofft; es gibt Gewißheit, wo Zweifel bestanden, und es erfreut, wenn man es erneut hört. Ein Wort kann den Himmel öffnen, und es kann alles zerstören. Selbst töten kann es. Es vermag zu kränken, zu beleidigen. Bedenken wir dies und wägen wir die Sätze, ehe wir sie aussprechen. Ein dem Mund entschlüpftes Wort kann man durch alle beschönigenden Redensarten nicht mehr unausgesprochen machen.

Für einen glückhaften Verlauf der körperlichen Vereinigung ist das Wort von entscheidender Bedeutung, weil es die Zärtlichkeiten begleitet und verdeutlicht, was uns beglückt. Selbst wenn wir jedesmal das gleiche sagen, den anderen macht es glücklich. Zu hören, wie der Partner anspricht auf gesetzte Reize, kann beglücken und stimulieren, kann deutlichmachen, worauf er besonders reagiert.

Bringen Sie deshalb klar zum Ausdruck, was Sie mögen, sagen Sie, ohne dabei zu verletzen, was Ihnen nicht gefällt. Wenn Sie etwas nicht aussprechen können, machen Sie durch Zeichen und Gesten deutlich, was Sie gerne haben. Tun Sie beim Partner das, was Sie durch ihn erfahren möchten, führen Sie seine Hand dahin, wo Sie sie haben wollen.

Eine liebevoll Frau, wenn sie selbst nicht unmittelbar und in gleichem Maße am Lustgewinn beteiligt ist, gewinnt aus der hör- und fühlbaren Beglückung ihres Partners. Und denken Sie daran, daß auch die Ohrmuscheln äußerst empfindsam sind.

Die Kraft der Düfte

Der Geruchssinn ist für viele Tierarten besondere wichtig. Wenn Sie einmal beobachtet haben, wie ein liebestoller Hirsch, die Nase dicht über dem Boden, alle Gefahr vergessend, der Fährte eines brunftigen Weibchens folgt, werden Sie ermessen können, welche Kraft in den geschlechtsspezifischen Gerüchen liegt. Den Hunden sagt die Nase mehr als alle anderen Sinne zusammen. Schmetterlings- und Käfermännchen werden durch die Lockstoffe ihrer Weibchen auf viele Kilometer Entfernung angezogen. Die Verdünnung in der Luft muß eine unvorstellbare sein und entsprechend unglaublich das Wahrnehmungsvermögen der kleinen Tiere.

Mit dem aufrechten Gang hat der Geruchssinn für den Menschen an Bedeutung verloren, da die Nase wohl zu weit vom Boden entfernt ist. In der Beziehung der Geschlechter zueinander ist das Riechen aber von großem Wert, sowohl in positivem als auch in negativem Sinne. Es gibt Menschen, die wir buchstäblich und in übertragenem Sinn nicht riechen können.

Daß besonders im Alter Sauberkeit äußerstes Gebot ist, brauche ich wohl nicht zu betonen. Schlechter Mundgeruch beispielsweise kann jeden Versuch von Zärtlichkeiten im Keim ersticken. Hygiene ist, vor allem für Prothesenträger, dringend anzuraten, wenn es nicht zu Verweigerungen oder gar Schlimmerem kommen soll.

Viele mögen den Duft von Parfüms und Toilettenwasser, manche regt er ungemein an. Ähnlich ist es mit den Ausdünstungen der Geschlechtsorgane. Die Eierstöcke strömen während der Zeit ihrer Aktivität einen speziellen Duft aus, der die meisten Männer in einer gewissen Verfassung um den letzten Rest ihres Verstandes bringt. Unter der die Eichel bedeckenden Vorhaut entwickeln sich starke Gerüche, die von den Zersetzungsprodukten der abgestoßenen Oberhaut herrühren. Das sogenannte Smegma, das sich dabei bildet, eine weißlich schmierige Masse, kann Gebärmutterhalskrebs fördern; sein Geruch ist, wenn nicht tägliche Waschungen erfolgen, eher abstoßend. Schon deshalb ist regelmäßige Körperpflege erforderlich.

Das gilt auch für Frauen: An den äußeren Schleimhäuten des Vorhofes bilden sich Ablagerungen, die bei Zersetzung nach längerer Zeit unangenehm riechen können. Ein Zuviel an Sauberkeit kann mitunter allerdings auch schädlich sein, etwa wenn Frauen zu häufig den schützenden Säuremantel wegwaschen. Mit der Einstellung der Aktivität der Eierstöcke verliert sich der spezifische Geruch an den weiblichen Genitalien weitgehend.

Daß alle anderen Körpergerüche die menschlichen Beziehungen in positivem wie in negativem Sinne beeinflussen können, ist verständlich und sollte gebührend berücksichtigt werden. Unsere Vorfahren hatten wenig Möglichkeiten zur Hygiene, doch weil sie entsprechend weniger anspruchsvoll und auch nicht so empfindlich waren, ist die Menschheit trotzdem nicht ausgestorben. Vielleicht haben wir uns durch die in unserem Kulturkreis ständig sich verbessernden Möglichkeiten der Hygiene, motiviert durch eine aggressive und neue Maßstäbe setzende Werbung, teilweise allzusehr von der Natur abdrängen lassen. Andererseits hat die Hygiene dazu geführt, daß völlig neue Sexualpraktiken sich ausbreiten konnten.

36

Die Geschmacksempfindungen

Kommen wir zum Geschmackssinn, der einen nicht zu unterschätzenden Anteil an der Gesamtstimulation hat. Reize, die von einem Zungenkuß ausgehen, sind außerordentlich effizient, vor allem wegen der Sensibilität der Mundschleimhäute und der Zunge. Geschmacksempfindungen können den Genuß beim Küssen sehr beeinflussen.

Sollten Sie im Alter noch einmal auf Freiersfüßen wandeln, so denken Sie daran, vor einem Rendezvous nicht gerade Zwiebeln oder Knoblauch zu essen. Nach jahrelanger Ehe weiß man allerdings, was den anderen stört. Zudem haben beide Partner ja meist dasselbe gegessen, was eine negative Wirkung entscheidend vermindert. Trägern von Zahnprothesen ist äußerste Sauberkeit zu empfehlen. Zersetzungsprodukte zwischen den Zähnen können unangenehme Gerüche verbreiten und den Geschmack nachteilig beeinflussen.

Zu Geschmacksempfindungen kann es auch beim Kuß auf die Augen und auf verschwitzte Körperteile kommen. Die Geschmacksempfindungen bei oralen Zärtlichkeiten an den Genitalien sind für den einen außerordentlich stimulierend, für den anderen bedeuten sie oft eine unüberwindbare Barriere oder wirken gar abstoßend. Entscheidend für die Akzeptanz ist neben der hormonellen Aufladung vor allem die Frage der Erziehung und der Einstellung. Gerade im Intimbereich ist äußerste Sauberkeit von entscheidender Bedeutung.

Zärtliche Berührungen

Wir sind beim letzten und für die sexuelle Effektivität wichtigsten Sinn angekommen, bei den Empfindungen, die durch körperliche Berührung entstehen. Naturgemäß sind alle erogenen Zonen zur Reizaufnahme geeignet, während die Hände in besonderem Maße Reize zu setzen vermögen. Am empfindsamsten und effektivsten sowohl in der Aufnahme als auch in der Vermittlung von Reizen sind die Lippen und die Zunge; am erregendsten sind natürlich die Genitalien.
Dabei ist jede Stelle des menschlichen Körpers mehr oder weniger geeignet, erogene Reize aufzunehmen. Sicher gibt es für die meisten Menschen Stellen, deren Berührung ihnen unangenehm ist, während sie die Stimulation anderer schätzen. Bedeutsam für die Ansprechbarkeit einer erogenen Zone ist die Art der Reizung, deren Intensität und Qualität. Das Streicheln eines bestimmten Areals kann ein intensives Lustgefühl auslösen, während stärkeres Reiben eine bloße Berührungsempfindung hervorruft. Eine weitere Steigerung kann ein unangenehmes Gefühl und schließlich Schmerz erzeugen.

Ein und derselbe Reiz, nur einmal ausgelöst, kann ohne größeren erotischen Effekt bleiben, wiederholt und rhythmisch ausgeführt, zumal wenn er sich in der Intensität steigert, kann höchste Lust bringen. Die einmalige und vor allem erste Berührung der Genitalien vermag einen Sturm zu entfachen; ein einziger Kuß kann Seligkeit bedeuten. Bei ein und derselben Person wirken die Reize mitunter unterschiedlich. Entscheidend ist die Empfindlichkeit des Reizempfängers und sein augenblickliches Spannungsverhältnis zum Reizspender. Dies gilt besonders für den Genitalbereich. Schleimhäute sollen durch einen feuchten Schutzfilm geschützt sein; in trockenem Zustand ist ihre Berührung eher unangenehm bis schmerzhaft.

Letzten Endes sind auch die äußeren Umstände für die Wirksamkeit jeder Art von Reizen entscheidend. In Ruhe und ungestörter Zweisamkeit ist Stimulation weit effektiver als bei Unsicherheit und Störung. In der Öffentlichkeit bewirkt sie leicht das Gegenteil des Erwünschten.

Für jene, die den Höhepunkt der Reizskala überschritten haben, bleibt als letzter Ausweg zur Steigerung des Genusses, so absurd dies klingen mag, der Schmerz. Dieses Zeichen von Übersättigung ist in der heutigen, reizüberladenen Zeit gar nicht so selten, wie man meinen mag.

Über die Bedeutung der Positionen

Wenn ich den verschiedenen Positionen beim Geschlechtsakt ein eigenes Kapitel widme, dann bestimmt nicht, um zu akrobatischen Verrenkungen zu animieren, sondern weil einige Körperstellungen die Möglichkeit bieten, altersbedingte oder aus Krankheit resultierende Mängel bis zu einem gewissen Grad auszugleichen und einen beglückenden Verkehr zu ermöglichen.

Wieviele Positionen gibt es eigentlich in der Liebe? Phantasten bringen es auf neunzig, das „Kamasutra", die indische Liebeslehre, verzeichnete vor fünfzehnhundert Jahren, einschließlich der im Wasser auszuführenden, deren sechzehn. Alle praktikablen Stellungen wurden zweitausend Jahre vor Christus in der Literatur und in Abbildungen dargestellt, alle erogenen Zonen mit klinischer Genauigkeit in alten Sanskrit-Manuskripten beschrieben.

Der Genitalkuß, angeblich eine französische Erfindung der neueren Zeit, wurde in allen höheren Kulturen Asiens, des Mittelmeergebietes, auf Bali und bei den Inkas praktiziert. Die Historiker schreiben den phönizischen und ägyptischen Frauen zu, Fellatio und Cunnilingus kommerzialisiert zu haben. Sie erfanden als werbewirksames Markenzeichen ihrer Branche den Lippenstift; bemalte Lippen verliehen ihrem Mund das Aussehen der Vulva und empfahlen damit die Frau jedem

Interessierten als Spezialistin für orale Stimulation. Kleopatra war neben Sappho vielleicht die berühmteste Fellatrice der alten Welt. Die Griechen waren von den zwölf Positionen, die zum Repertoire der Kurtisane Kyrene gehörten, tief beeindruckt; Aristophanes verherrlichte sie in einem Theaterstück. So gesehen also: nichts Neues unter der Bettdecke?

Suchen wir zunächst einmal die Frage nach der natürlichen Position bei der Paarung des Menschen zu beantworten, soweit sie aus dem Bau der Genitalien ablesbar ist. In der Tierwelt ist das Einführen des Penis von hinten die Regel. Grundsätzlich deutet nichts darauf hin, daß sich die naturgewollte Haltung des Menschen bei der Paarung von der der Tiere unterscheidet. Eine nähere Betrachtung der menschlichen Geschlechtsorgane erhärtet diese These.

Der Querschnitt der Scheide an ihrer engsten Stelle, am Eingang also, ist genau deckungsgleich mit dem Penis an seiner dicksten, empfindlichsten Stelle, dem nierenförmigen Eichelkamm, wenn er von hinten eingeführt wird.

Die Stelle, wo die Vorhaut unterhalb der Eichelkrone festgewachsen ist, trifft dabei auf das Schambein der Frau, das wulstig und unverrückbar in die Scheide ragt und mit fischschuppenartigen Hautlappen bedeckt ist. Diese richten sich beim Herausziehen des Penis auf und bewirken eine zusätzliche Stimulation an der empfindlichsten Stelle des Mannes.

Bei dieser Position trifft der Penis auch besser auf den im ersten Scheidendrittel gelegenen G-Punkt, jene äußerst sensible Stelle in der Vagina, die manchen Frauen zu einem vaginalen Orgasmus verhilft. Doch darüber wird ausführlich noch in einem eigenen Kapitel gesprochen.

Die Fakten zeigen also, daß beim Menschen das Einführen des männlichen Gliedes von hinten die von der Natur vorgegebene Art der geschlechtlichen Vereinigung ist.

Was diese Position interessant macht: einige Varianten sind gut geeignet, altersbedingte Schwächen der Vagina auszugleichen. Sie führen meist schneller zum Erfolg und sind weniger belastend für die Frau, was wichtig ist, wenn sie körperliche Behinderungen hat. Sie kann sich auf den Bauch legen, der Mann auf sie, oder sie kniet, der Mann hinter ihr. Auch von der Seite ist ein Eindringen von hinten möglich, ebenso im Sitzen oder Stehen.

Bei Frauen mit kurzer Scheide kann allerdings die eine oder andere dieser Varianten zu Schmerzen führen, wenn dabei die an sich weitgehend unempfindliche Gebärmutter zu kräftig berührt wird. Dem Mann bringen sie ein Höchstmaß an körperlichem Reiz. Für die Frau sind sie im allgemeinen weniger ergiebig, da die Klitoris nicht stimuliert wird. Behelfen kann man sich durch gleichzeitiges Stimulieren von Hand, was ermöglicht, in etwa zur gleichen Zeit zum Orgasmus zu kommen.

Die natürlichste Sache der Welt

Für Alfred Kinsey war die a-tergo-Position die natürlichste Sache der Welt. Die katholische Kirche verbot sie im Mittelalter ihren Gläubigen; allerdings nicht, weil sie ihr „tierisch" erschien, sondern weil sie ihrer Ansicht nach zu großen Genuß bereitet und deshalb zu häufigerem Verkehr anregt. Bei der a-tergo Position, das Einführen des Penis von hinten, geht der Hauptreiz von dem dann sehr engen Scheideneingang aus. Auch die Scheide selbst bekommt von oben Druck und wird dadurch besonders eng und stimulierend. Wenn der entstandene Reiz für den Mann immer noch nicht ausreicht, kann er die Wirkung erhöhen, indem er mit der Hand seine Vorhaut zurückhält, so daß sie sich beim Herausziehen des Penis nicht reizmindernd über den empfindlichsten Teil des Penisschaftes und die Eichel schieben kann.

Der Effekt ist für Mann und Frau außergewöhnlich, besonders, wenn man die Eichel ausschließlich im Bereich des Scheideneinganges bewegt. Dabei wird allerdings etwas mehr an Gleitmittel verbraucht, weil mehr als sonst aus der Scheide herausgezogen wird. Wenn die letzten Züge sehr langsam erfolgen, ist der Orgasmus von elementarer Heftigkeit. Ansonsten verläuft der Höhepunkt bei der a-tergo-Position für den Mann im allgemeinen relativ flach, er wird kaum als solcher empfunden; man fühlt lediglich leichte Kontraktionen und ein wohliges Sichentspannen.

Eine Bemerkung noch zur Frage nach der natürlichen Position: Betrachten Sie einmal im Spiegel, wie vollkommen in der knienden Position der weibliche Po in die Mulde zwischen Bauch und Oberschenkeln des Mannes paßt! Ein weiterer Beweis dafür, daß diese Position von der Natur gewollt und vorgesehen ist? Bei der in westlichen Ländern üblichen Position Bauch an Bauch ist diese äußere Harmonie jedenfalls nicht gegeben.

Noch etwas erhöht den Reiz bei der Einführung des Penis von hinten: sein Erektionswinkel. Ein eregiertes Glied hebt sich zunächst in die Waagrechte, um sich bei jungen Männern mit zunehmender Stimulation mehr oder weniger der Senkrechten zu nähern, wobei es in der Mitte einen Spannungsbogen nach außen bekommt. Je mehr das Glied bei der koitalen Bewegung und übrigens auch bei der Masturbation aus dem erreichten Erektionswinkel nach unten gezwungen wird, desto größer ist der entstehende Reiz, ebenso für die Frau, da ihre Scheidenwände dadurch einen größeren Druck bekommen. Eine ähnliche Wirkung kann erreicht werden, indem der Mann beim Koitus seine Haltung verändert, also seinen Oberkörper möglichst weit von dem seiner Frau entfernt, sich aufrichtet, wenn er auf ihr liegt oder hinter ihr kniet.

In jungen Jahren, bei genügend starkem Reiz, ist dies natürlich nicht erforderlich; im Alter kann es von einiger Bedeutung sein. Nicht unerwähnt soll bleiben, daß der von den Scheidenwänden ausgehende Reiz nicht unwesentlich beeinflußt wird durch den Füllungsgrad von Blase und Darm.

Die Missionarsposition

Im Westen empfehlen moderne Ehebücher sechs Positionen. Die gebräuchlichste: die Frau liegt auf dem Rücken und der Mann auf ihr. Diese Haltung, von den Eingeborenen des Südwestpazifiks als Missionarsposition bezeichnet, weil sie von Missionaren eingeführt und praktiziert wurde, hat den Vorteil, daß der Mann seiner Partnerin ein stärkeres Gefühl von Geborgenheit zu geben vermag. Man sieht sich von Angesicht zu Angesicht und kann sich küssen.
Der Nachteil ist die mangelnde Reizung der Klitoris und die vor allem im Alter geringe Stimulation des Penis. Eine wesentliche Verbesserung der Reizwirkung der Vaginalwände kann in dieser Lage erreicht werden, wenn die Frau ein festes Kissen unter den Po schiebt. Auch die Klitoris wird dann bei den Bewegungen eher direkt berührt und damit gereizt. Dazu sollte die Frau, wenn es ihr möglich ist, die gespreizten Beine anziehen und anheben. Um noch mehr Druck auszuüben, kann sie die Beine nach dem Einführen des Penis zusammenpressen, vorausgesetzt, der Kontakt geht dabei nicht verloren.
Wenn sich der Mann nicht mit gestreckten Beinen auf die Frau legt, sondern schon beim Einführen des Penis kniet, so daß die Oberschenkel beiderseits des Pos seiner Partnerin zu liegen kommen und seine Knie etwa auf der Höhe ihrer Hüfte sind, kommt es zu einer weiteren erheblichen Steigerung der Stimulation. In dieser Position kann der kniende Mann durch gleichzeitige manuelle Stimulation der Klitoris die Frau zum Orgasmus bringen. Wenn erwünscht, noch vor seinem eigenen Höhepunkt. Dies erspart ihm eine eventuelle „Nacharbeit" in der eigenen Erschlaffungsphase.

Hektors Pferd reiten

Bei den alten Griechen war die beliebteste Position „Hectors Pferd reiten", also die Frau oben; andere Positionen erschienen nur in ihrer Pornographie. Auf dreitausend Jahre zurückreichenden Darstellungen aus Mesopotamien, Ägypten, Indien, China und Peru sieht man die Frau meist oben. Auch bei den Römern war die Frau „obenauf", weshalb wohl diese Art der Beiwohnung von den Juden und später von den Christen abgelehnt wurde. Noch heute widerstrebt diese Stellung im westlichen Kulturkreis vielen Frauen. Sie meinen, sie verstoße gegen die guten Sitten und sei pervers.

Ein Beweis dafür, daß andere Religionen eine viel freiere Einstellung zur Sexualität haben und ihren Anhängern nicht solche Hemmungen und Schuldgefühle aufoktroyieren. Denn gerade diese für beide Partner erregendste Haltung bei der Vereinigung erlaubt der Frau eine größere Bewegungsfreiheit, ein besseres Mitspracherecht gewissermaßen. Sie kann den Rhythmus und die Tiefe der Stöße bestimmen und ihre Klitoris in besseren Kontakt zum Penis bringen.

Eine sinnvolle Sexualberatung hat weniger die Aufgabe, über die Techniken des Geschlechtsverkehrs aufzuklären, als vielmehr die Menschen von ihren völlig unnatürlichen Schuldgefühlen und Hemmungen zu befreien. Vieles hat sich schon gewandelt in den letzten Jahrzehnten. Über Sexualität wird in aller Öffentlichkeit, mit aller Offenheit gesprochen. Mit vielleicht etwas zuviel Offenheit, finde ich, da das Thema damit profan wird, seine Sonderstellung verliert, ja in den Schmutz gezogen wird.

Der goldene Mittelweg wäre auch hier angebracht, doch nichts ist anscheinend schwerer zu erreichen als das rechte Maß. Vieles, was vor wenigen Generationen völliges Tabu war, ist heute selbstverständlich. Und doch gibt es noch Frauen, die nie die Genitalien ihres Mannes berührt haben, und Männer, die es für pervers halten, ihre Frauen anderswohin als auf den Mund zu küssen.

Damit wären wir bei der Frage angelangt, was Perversität überhaupt ist. Es gibt Menschen, die es aus religiösen Gründen für sündig oder gar pervers halten, den Geschlechtsverkehr nicht ausschließlich zur Zeugung, sondern zur Entspannung und zum Lustgewinn auszuüben. Allgemein hält wohl jeder für pervers, was über seine eigenen Wünsche und Praktiken hinausgeht. Nach Sigmund Freud ist alles erlaubt, was ein Mann und eine Frau in beiderseitigem Einverständnis tun, solange es nicht zum Ersatz für den beim Koitus erreichten Orgasmus wird. Freud sieht also die Perversion nicht im zeitweisen Verdrängen oder andersartigen Gebrauch der Genitalien, sondern in der Ausschließlichkeit, mit der diese Praktiken betrieben werden. Soweit sie nur erfolgten, um den Geschlechtsverkehr zu intensivieren oder zu ihm hinzuführen, seien sie nicht pervers.

Das umschließt allerdings ein sehr weites Feld. In gleichem Sinn schrieb Dr. Robert L. Dickinson, ein führender Gynäkologe, im Jahre 1930: Man sollte einer Frau versichern, daß es im Rausch der Leidenschaften nichts gebe, was mit ihren höchsten Idealen geistiger Liebe unvereinbar, daß jedes zweiseitige Verhalten richtig sei.

Bildung befreit von Hemmungen

Für viele entzündet sich die Frage nach den Grenzen der Schicklichkeit und dem Beginn der Perversion am Genitalkuß. Havelock Ellis bezeichnete in seinen „Studien über die Psychologie des Sexus" die gegenseitige orale Stimulation der Genitalien als vertretbare Praxis. Kinseys Untersuchungen, 1938 begonnen, erbrachten eine nach dem Bildungsniveau signifikante Unterscheidung bei der Ausübung des Genitalkusses. Sechzig Prozent der Universitätsabsolventen praktizieren ihn, aber nur etwa zwanzig Prozent von Menschen mit höherer Schulbildung und gar nur zehn Prozent jener mit Volksschulbildung. Sicher kann man in dieser Frage keine völlige Offenheit erwarten, denn viele Menschen scheuen sich, ihre Neigungen zuzugeben. Trotz aller Vorbehalte zeigen die Ergebnisse deutlich, daß Bildung von Hemmungen befreit. Noch zwei Untersuchungen möchte ich zitieren: Von befragten Ärzten hielten 73 Prozent den Genitalkuß für Christen vertretbar. Nach Tim und Beverly L. Haye hielten ihn 77 Prozent der befragten Seelsorger für erlaubt.

Sauberkeit vorausgesetzt, gibt es wohl vom medizinischen Standpunkt aus keine Bedenken gegen den Genitalkuß. Bei einem normalen Kuß, mit geöffnetem Mund vor allem, nimmt man sicher ein Vielfaches an Bakterien auf. Für viele Menschen ist die Nähe bzw. die Verbindung der Genitalien mit den Ausscheidungsorganen ein unüberwindbares Hindernis. Ist es eine Ironie der Schöpfung, das für uns Höchste mit dem in unseren Augen Niedrigsten zu verbinden? Hat sie eine natürliche Hemmschwelle errichtet, um gegen ein Zuviel abzusichern? Ganz gewiß nicht!
Die Evolution ging auch hier im Laufe von Jahrmillionen den denkbar besten Weg. Wenn die Frucht bis zu ihrer völligen Ausbildung im Mutterleib verbleiben sollte, mußte im Anschluß an den geschützt liegenden Geschlechts- und Geburtskanal ein genügend großer und dehnungsfähiger Raum vorhanden sein zur Aufnahme des Embryos. Der geschützte Ausgang, der dehnungsfähige Raum, das sind die gleichen Voraussetzungen, wie sie Verdauung und Ausscheidung erfordern.
Für die Natur bot sich daher aus Gründen der Zweckmäßigkeit eine Lösung an, die beides miteinander verband. Da beide Funktionen gleichwertig sind, Verdauung für das Überleben des Einzelindividuums, die Fortpflanzung für die Erhaltung der Art, ging die Natur diesen Weg bedenkenlos. Deshalb ist jede Bewertung nach von Menschen geschaffenen Maßstäben völlig fehl am Platz.

Nach unserem Ausflug in die Spekulation nun wieder zurück zur Frage nach den Grenzen der Schicklichkeit. Nüchtern betrachtet, ist nicht einzusehen, weshalb man diejenigen Körperteile eines geliebten Menschen, die uns die höchsten Wonnen dieses Erdenlebens bescheren, nicht mit dem Mund berühren sollte. Eine andere Frage ist es natürlich, wie weit man mit der Zärtlichkeit geht. Hier gibt es zwangsläufig große Unterschiede in der Auffassung und in der Praktik. Schließlich ist der Weg von einer behutsamen Berührung als Zeichen äußerster Zärtlichkeit und innigster Zuneigung bis zur oralen Stimulation und zum Orgasmus ein weiter. Natürlich wird dieser Weg, abgesehen von anderen Faktoren, enscheidend von der hormonellen Aufladung und dem Temperament bestimmt.

Es sollte selbstverständlich sein, daß man bei der Suche nach Möglichkeiten, krankheits- und auch altersbedingte Schwierigkeiten auszugleichen, auf die religiöse und moralisch-ethische Einstellung des Partners Rücksicht nimmt. Grundsätzlich ist erlaubt, was gefällt, beiden gefällt. Nie vom Partner etwas fordern, was er, gegebenenfalls nach einer zarten Andeutung, nicht von sich aus tut.
Jedes Zuviel kann zerstören oder Widerwillen hervorrufen, der vielleicht nie mehr zu beseitigen ist. Man sollte selbst im Rausch der Leidenschaft so handeln, daß man sich nachher noch in die Augen sehen kann und die Beglückung auf beiden Seiten ungetrübt ist.

Männer gehen mitunter deshalb fremd, weil sie von einer Freundin oder gar einer Dirne leichteren Herzens etwas fordern können, was von ihrer Frau zu verlangen sie sich scheuen. Aus Angst, ihre Achtung zu verlieren, oder aus Scham, ihre extravaganten Wünsche zu bekennen. Vielleicht kann dieses Buch mit dazu beitragen, Probleme zu lösen und eine Brücke zu bauen. Nichts ist beglückender und für unser Seelenheil bekömmlicher, als gemeinsam mit seinem Partner höchste Liebesfreuden zu erleben. Nichts hält uns besser jung.
Höchst unfair und unklug wäre es freilich, als letzten und höchsten Liebesbeweis etwas zu fordern, wogegen der Partner tiefe Abneigung hegt!

Der G-Punkt

In der Scheide existiert ein kleines Areal, dessen Stimulation der Frau einen besonders lustvollen und gefühlsstarken Orgasmus bescheren kann. Es wird nach dem deutschen Gynäkologen Gräfenberg, dem Erfinder der Spirale, als G-Punkt bezeichnet.
Dabei handelt es sich um einen markstückgroßen Gewebebereich in der Vorderwand der Scheide, etwa drei Zentimeter vom Eingang entfernt, direkt hinter dem Schambein. Ein Höhepunkt nach gezielter Stimulation des G-Punktes ist besonders intensiv und kann mit einer Ejakulation verbunden sein.
Gräfenberg beschrieb 1950 das Phänomen der weiblichen Ejakulation, das seit Urzeiten als Gerücht galt. Weil sie wohl so selten vorkommt, wurde sie nie ernst genommen und auch heute noch vielfach bezweifelt.

Ein amerikanisches Wissenschaftlerteam überprüfte Gräfenbergs Theorie des G-Punktes. Ihr 1982 erschienenes Buch „The spot" erregte größtes Aufsehen. Die Psychologen Dr. Alice Kahn Ladas und Dr. John D. Perry und die Verhaltensforscherin Beverly Whipple vom Jefferson Medical College in Philadelphia nahmen Tastuntersuchungen mittels ausgestrecktem Zeigefinger an vierhundert Frauen vor. Sie stießen dabei an den verschiedensten Stellen der Scheidenwand auf die beschriebene Lustzone. Bei manchen Frauen liegt sie ein wenig seitlich, bei einigen in der Dammzone, bei den meisten jedoch ist sie in der 12-Uhr-Position hinter dem Schambein, etwas vor der halben Scheidenlänge zu finden. Wenn in diesem engen Scheidenbereich die Scheidenschleimhaut mit einem gewissen Druck hin und her geschoben wird, entstehen starke erotische Empfindungen.

Die Mehrzahl der Frauen hat ihren G-Punkt noch nicht entdeckt. Es ist anzunehmen, daß zehn Prozent der Frauen, die einen vaginalen Orgasmus erleben, aus der Lustquelle des G-Punktes schöpfen.
Um die Stelle besonderer Sensibilität zu entdecken, führt der Partner einen oder besser zwei Finger in die Scheide ein und drückt sacht gegen die vordere Wand. Bei leicht kreisender Bewegung wird der empfindliche Punkt zu finden sein.

Es ist möglich, daß Frauen, die klitoral gereizt nicht zum Orgasmus kommen, bei Stimulation des G-Punktes den Höhepunkt erreichen. Er ist dann von besonderer Qualität und Intensität, weil die Kontraktionen stärker von der Gebärmutter ausgehen, während sie bei klitoraler Reizung mehr vom äußeren Scheidenbereich kommen.
Dabei können ejakulationsartige Ergüsse auftreten. Die Menge ist unterschiedlich und schwankt zwischen wenigen Tropfen und dem Inhalt von zwei Schnapsgläsern. Damit wäre die alte Mär von den Frauen, die im Augenblick des Höhepunktes buchstäblich davonschwimmen, geklärt. Woher diese Flüssigkeit allerdings genau kommt, ist mehr als rätselhaft. Der leise Verdacht drängt sich auf, daß es sich dabei doch um Urin handeln könnte, wie oft behauptet wird.

Der G-Punkt läßt sich erfahrungsgemäß leicht manuell lokalisieren und stimulieren, weniger gut bei Koitusbewegungen. Am ehesten ist seine koitale Stimulation durch ein Einführen des Penis von hinten möglich. Bei der ersten Berührung des G-Punktes kann es zu Harndrang kommen, doch stellt sich bald ein starkes Lustgefühl ein, das nach Ansicht erfahrener Frauen alle anderen Stimulationen in den Schatten stellt.

Die Kegel-Übungen für die Frau

Dr. A. H. Kegel, ein Spezialist für Frauenkrankheiten, wurde 1940 von einer Frau konsultiert, die über Harninkontinenz klagte. Beim Lachen, Husten, Niesen oder bei plötzlicher Bewegung neigte sie zu unkontrolliertem Wasserlassen. Bewirkt wurde dies durch die Schwäche eines Muskels, der zwischen den Beinen von vorne nach hinten wie eine Schlinge verläuft. Er ist breit und stark und bildet den

Beckenboden, den untersten Teil des Rumpfes und hält die Blase, einen Teil des Mastdarms, den Geburtskanal und die Gebärmutter.

Die Muskeln des Beckenbodens bestehen aus mehreren Schichten, von denen die äußeren, ringförmigen Schließmuskeln relativ schwach sind. Unter dieser äußeren Muskelschicht liegt ein zwei Finger dicker, kräftiger Muskel, der Musculus pubococcygeus, kurz MPC genannt, der vom Schambein zum Steißbein am Ende der Wirbelsäule führt. Durch diesen Muskel laufen bei den Frauen drei Kanäle, die außerhalb des Körpers enden: der Mastdarm, der Geburts- und Geschlechtskanal und die Harnröhre. Jeder Kanal ist von einem Netz miteinander verbundener Muskelfasern auf einer Länge von etwa fünf Zentimetern umgeben. Diese Fasern laufen an jedem Kanal entlang und umgeben ihn wie ein Schließmuskel.

Beim Geburtsvorgang kann dieser Muskel überdehnt werden und damit seine Spannkraft verlieren, was auch zum Nachlassen seiner Kontrollfunktion beim Urinabfluß führen kann.

Dr. Kegel empfahl seiner Patientin spezielle Übungen, und nach zwei Monaten war die Störung behoben. Überraschend stellte sich ein erfreulicher Nebeneffekt ein. Die Frau erreichte erstmals nach fünfzehn Ehejahren beim Geschlechtsverkehr einen Orgasmus. Der Mediziner legte sein Hauptinteresse zwar nicht auf den sexuellen Aspekt, er fühlte sich aber verpflichtet, die sexuellen Auswirkungen weiter zu verfolgen. Er ließ sich daher Frauen überweisen, die sexuell versagten. Soweit ihr Versagen auf einer Schwäche der vaginalen Muskulatur beruhte, bestätigten sich die bei der ersten Patientin gemachten Erfahrungen.

Dr. Kegel, der 1948 für seine Arbeiten den Jahrespreis der Gesellschaft für Geburtshilfe erhielt, untersuchte den Scheidenkanal. Er fertigte Abdrücke aus einer weichen Plastikmasse, sogenannte Moulagen, und führte sie in die Scheide ein. Wenn sich die Masse der Scheide angepaßt hatte, wurde sie entfernt.

Bei guter Muskelspannung ergab sich die Form eines zusammengedrückten Schlauches, der an der Öffnung breit war, sich verjüngte auf einer Strecke von ungefähr fünf Zentimetern und sich dann erweiterte. Im engen Abschnitt ist er leicht geriffelt, was durch den Druck der sich zusammenziehenden Muskelfasern entsteht, die aus weit verzweigten Fasern der MPC bestehen; sie machen die Vagina zu einem starken, muskulösen Organ. Bei schwacher Muskulatur zeigt der Abdruck einen Kanal mit geraden Wänden, der sich von der Öffnung an ständig nach oben erweitert und keinerlei Spuren eines Muskeldruckes aufweist.

Durch die Fähigkeit, Druck auszuüben, kann die Vagina der Frau sexuelle Befriedigung gewähren, obwohl die Scheide selbst in den äußeren Schichten so gut wie keine Nervenendungen enthält. Nach heutiger Erkenntnis sind die Muskeln unter der begrenzenden Schicht der Vagina dafür umso reichlicher mit Nerven ausgestattet, die auf Druck, Bewegung und Streckung reagieren. Diese Nervenendungen werden beim Koitus gereizt und können, neben dem G-Punkt, den wichtigsten Empfindungsmechanismus der Scheide darstellen.

Da diese nervendurchsetzten Muskeln außerhalb der Vagina liegen, bedarf es eines gewissen Druckes, sie zu reizen, was bei einer schlaffen, weiten Vagina nicht möglich ist. Wird die Scheide durch Zusammenziehen der sie umgebenden Muskulatur zu einem festen Kanal verkleinert, drückt und reibt der Penis auf Muskeln und Nerven und löst eine starke Reizung aus. Die stimulierten Muskeln reagieren automatisch durch weiteres Zusammenziehen, was den Kontakt zum männlichen Glied noch verstärkt und somit weitere Spannung aufbaut. Das kann, auch ohne zusätzliche Reizung der Klitoris, zum Orgasmus führen.

Gezieltes Training ohne Anstrengung

Die Kegel-Übungen zielen nun darauf ab, diese Muskeln zu stärken, ihre ursprüngliche Spannkraft wieder zu erreichen oder gar zu erhöhen. Bei guter Spannung fühlt ein in die Scheide eingeführter Finger kräftigen Widerstand von allen Seiten. Hat der Muskel jedoch zu wenig Spannung, so ist die Vagina weit, und ihre dünnen Wände fühlen sich an, als wären sie von der sie umgebenden Struktur völlig losgelöst.

Wenn Frauen den Scheidenmuskel zusammenziehen sollen, kontrahieren meist die kleineren, schwächeren äußeren Muskeln, was man am Hervortreten des Scheideneingangs erkennen kann. Da aber auch diese Muskeln den Urinabfluß unterbrechen können, müssen sie für die Übungen ausgeschaltet werden. Deshalb sollte man mit gespreizten Beinen versuchen, den Urinabfluß zu unterbrechen. Das führt bei allen Frauen zum Zusammenziehen des MPC.

Dies besagt noch wenig über seine Kraft, da er den Harnstrom unterbrechen kann, ohne sonderlich kräftig zu sein, doch lernt man hierbei erst einmal das Zusammenziehen dieses Muskels. Nach wenigen Versuchen unterscheiden die meisten Frauen die bestimmte Empfindung und können das Zusammenziehen jederzeit wiederholen, auch ohne Wasser zu lassen.

Jedes Zusammenziehen kräftigt die Muskeln um die Vagina. Die Anstrengung ist klein, es bedarf nur einer gewissen Konzentration. Nach einiger Übung geht es so schnell wie das Schließen der Augen. Die Muskelanspannung sollte etwa zwei Sekunden lang gehalten werden.

Ist die Kontrolle des MPC erreicht, übt man das Zusammenziehen vor dem Aufstehen fünf- bis zehnmal. Bei guter Kontrolle kann man den Urin bald teelöffelweise entleeren. Allmählich steigert man die Zahl der Kontraktionen und Übungen. Dreißigmaliges Zusammenziehen pro Minute sind bei einiger Praxis möglich, zwei- bis dreihundert Kontraktionen täglich ohne weiteres erreichbar. Nach sechs Wochen ist gewöhnlich die völlige Kontrolle über das Harnlassen erlangt; bei besonders schwachen Muskeln können auch zehn Wochen erforderlich sein.

Eine Veränderung der sexuellen Reaktion ist bei den meisten Frauen schon nach drei Wochen feststellbar. Der Scheidenabdruck, die Moulage, hat nach einigen Wochen der Übung bereits eine völlig andere Form.

Dr. Kegel verbesserte Anfang der fünfziger Jahre seine Methode. Frauen, die Probleme mit ihrer Scheidenmuskulatur hatten, empfahl er, zwei Finger in die Vagina zu stecken, etwa vier Sekunden lang zu umschließen, als wollte man die Finger mit aller Kraft festhalten, dann die gleiche Zeit zu entspannen und wieder zu umschließen. Diese Übungen sollten, über den Tag verteilt, dreißig- bis fünfzigmal wiederholt werden. Oberschenkel oder Pobacken dürfen sich dabei nicht bewegen.

Eine weitere Steigerung tritt ein, wenn keine Finger benutzt werden, sondern Anspannen und Loslassen ohne Widerstand erfolgen. Als dritte Lektion werden Vibrierübungen empfohlen. Das Anziehen und Loslassen soll so schnell erfolgen, daß ein vibrierender Effekt entsteht. Als vierte Stufe sollte man sich vorstellen, einen Finger in die Scheide einzusaugen. Durch all diese Übungen wird die Durchblutung des Genitalbereichs gefördert, was zu einer Erhöhung der Reizbarkeit führt. Ganz gleich, ob Frauen die einfachen oder die verfeinerten Übungen machen: bei richtiger Durchführung und Ausdauer werden sie zum Erfolg kommen.

Bei zwei von drei Frauen ist der MPC relativ schwach und hängt durch wie eine Matte, ebenso die Organe, die er stützen sollte. Dadurch kommt es häufig zu Schwierigkeiten bei der Geburt, mitunter auch zu Verletzungen. Die Folgen sind Harninkontinenz und mangelnde sexuelle Reizung beim Geschlechtsverkehr. Die Entwicklung dieser Muskeln steht in keinem Zusammenhang mit der allgemeinen Konstitution einer Frau. Auch athletisch gebaute Damen haben oft schwache Beckenmuskeln, während zarte, untrainierte Wesen durchaus gute Spannungen aufweisen können.

Dr. John F. Oliven vom New Yorker Prosbyterian Hospital schreibt in seinem Leitfaden über sexuelle Probleme: Das wichtigste Syndrom von Gefühlsarmut bei Geschlechtsverkehr tritt in Verbindung mit zu geringer Spannung der Vagina auf. Die überdehnten Scheidenwände sind gefühlsarm, wenn der MPC hypotrophiert ist; der Kontakt zwischen Scheidenwand und Penis ist zu gering, um einen ausreichenden Reiz auszuüben.

Die Bedeutung der Spannkraft der Scheidenmuskulatur für die Stimulation des Penis ist übrigens altbekannt. Das indische „Kamasutra" nennt Frauen, deren Schließmuskel besonders kräftig und federnd sind, Nußknackerinnen. Die Spannkraft der Scheide vermittelt dem Mann besonders starke Gefühle. Berühmt und von

Ägyptern hoch geschätzt waren jene Abessinierinnen, die den Mann, rittlings auf ihm sitzend, ohne irgendwelche Bewegungen, allein durch Anspannen und Loslassen ihrer das männliche Glied umfassenden Scheidenmuskulatur, zum Orgasmus brachten. Konkubinen, die diese Kunst beherrschten, erhielten die dreifache Gage. Hauptzweck des Zusammenpressens der Füße der Chinesinnen soll es gewesen sein, die Scheide eng zu erhalten. Im mittleren Osten war jahrhundertelang der Gebrauch von Alaun zum Zusammenziehen und Verkleinern der Vagina weit verbreitet. Das pulverisierte Mittel wurde in Wasser gelöst und in der Scheide verstrichen. In manchen orientalischen Ländern wurde nach einer Geburt die Vagina mit Steinsalz gefüllt, damit sie sich zusammenzog. Eine wahrhaft barbarische Methode.

Die geschlechtliche Vereinigung

Wir wollen uns in diesem Kapitel vor allem mit altersbedingten Veränderungen und den sich daraus ergebenden Problemen beim Geschlechtsakt befassen. Nach William H. Masters und Virgina E. Johnson läßt sich der Ablauf des Aktes vom Beginn einer sexuellen Stimulation bis zu seinem Ende in vier Abschnitte einteilen: in die Erregungsphase, die Plateauphase, den Orgasmus und die Rückbildungsphase. Betrachten wir zunächst die erste Phase, in der über ein entsprechendes Vorspiel die körperlichen Voraussetzungen zur geschlechtlichen Vereinigung geschaffen werden.

Allen genitalen Reizungen sollte eine Stimulation der außergenitalen erogenen Zonen vorausgehen. Ein herzhafter, tief empfundener und temperamentvoll fordernder Kuß kann mehr Verlangen erwecken als die stärkste Hormonspritze. Die mit den Lippen und der Zungenspitze gesetzten und empfangenen Reize wirken auch an weniger erogenen Stellen außerordentlich erotisierend. Grundsätzlich sind alle Leibesöffnungen besonders reizempfindlich.
Wie man das Schachspiel mit dem Bauernzug eröffnet, so beginnt nach einer allgemeinen Einleitung durch Küssen und Streicheln der Mann das eigentliche Liebesspiel mit der Stimulation der weiblichen Brüste. Sie sind gleichermaßen Reizempfänger und Reizspender. Es gibt Frauen, die allein durch Manipulation an ihrem Busen und besonders an den eregiblen Brustwarzen zum Orgasmus kommen können.
Jede Frau braucht eine etwas anders geartete Ouvertüre. Wenn der Mann die richtige Tonart nicht findet, sollte sie, sofern sie an einem Erfolg seiner Bemühungen interessiert ist, ohne Hemmungen ihre Wünsche äußern oder durch Gesten zum

Ausdruck bringen. Sie kann beispielsweise bei Berührungen, die ihr besonders gefallen, mit deutlichen Lustsignalen reagieren.

Durch ein gezieltes und ausreichendes Vorspiel kann der Mann seine Partnerin so nahe an die Schwelle zum Orgasmus bringen, daß beide, wenn der Hauptteil beginnt, auf etwa gleichem Erregungsniveau sind und ein Höhepunkt mit geringer Mühe gelingt.

Eine ungenügende erogene Stimulation vor dem Akt ist eine der Hauptursachen für das Orgasmusversagen der Frau. Die meisten Männer können ihre Erektion nur vier bis zehn Minuten aufrechterhalten, während eine Frau umso länger stimuliert werden muß, je weniger Orgasmen sie hatte. Natürlich ist es unter eingespielten Partnern durchaus möglich, gleich zur Tat zu schreiten. Allerdings sollte dann der Mann behutsam vorgehen, weil bei noch nicht vorhandener Lubrikation und noch nicht erfolgter Erweiterung der Scheide das Eindringen des Penis erschwert wird und für die Frau schmerzhaft sein kann.

In der Anfangsphase sollte der Mann eine direkte und intensive Reizung der Klitoris vermeiden. Wirkungsvoller beim Vorspiel als allzu deutliche und kräftige, plumpe oder gar derbe Reize sind zarte: ein andeutungsweises Drumherumgehen, eine gelegentliche, wie unabsichtlich scheinende Berührung, dazwischen ein Streicheln der großen und kleinen Schamlippen, des Vorhofes und des Venusberges, bis man fühlt, daß die Partnerin nach intensiverer Zärtlichkeit verlangt. Im Alter, soweit nicht künstliche Gleitmittel oder der Einfachheit halber Speichel verwendet wird, ist es ratsam, mit dem nur noch in geringer Menge austretenden Lubrikat sparsam umzugehen, es für den Hauptakt aufzusparen.

Bei den älteren Frauen wie auch bei den jüngeren erscheint als erster sichtbarer Beweis einer erhöhten Reaktion auf sexuelle Stimulation die Erektion der Brustwarzen. Die Größenzunahme der Brüste durch Blutstauung ist im Alter seltener. Auch der sogenannte „Sex flush", eine Rötung der Haut, die von der Brust ausgeht und Schultern, Hals und Gesicht erfaßt, ist im Alter seltener zu beobachten. Jenseits von sechzig Jahren tritt diese Erscheinung kaum auf.

Die Klitoris reagiert im Alter ähnlich wie in der Jugend, sie verdickt sich bis zur doppelten Größe. Bei manchen Frauen schwillt die Klitoriseichel an und tritt aus der Vorhaut hervor.

Die großen Schamlippen verlieren im Alter wegen der nachlassenden Hormonproduktion ihre Fettpolster sowie das elastische Gewebe. Sie werden in der Erregung nicht mehr nach oben außen bewegt. Die kleinen Schamlippen werden bei jungen Frauen in der Erregung verdickt und verlängern somit das Vaginalrohr. Diese Reaktion ist im Alter ebenfalls herabgesetzt.

Das Nachlassen der Hormonproduktion in den Eierstöcken führt vor allem in der Vagina zu auffallenden und fühlbaren Rückbildungen. Die Scheidenwände, in jungen Jahren gerunzelt, dick und rötlich purpurn, werden schließlich papierdünn, glatt und blaß rosa bis durchsichtig. Die Tiefe der Scheide verringert sich, ebenso ihre lichte Weite; sie verliert an Ausdehnungsfähigkeit.

Die Lubrikation, das Anzeichen für eine sexuelle Erregung, erscheint vor der Menopause innerhalb von zehn bis dreißig Sekunden nach einer sexuellen Stimulation wie ein Film auf der Scheidenwand und macht sie gleitfähig. Im Alter tritt eine Verzögerung von ein bis drei Minuten ein, dabei reicht ihre Menge oft nicht aus, einen befriedigenden und schmerzfreien Ablauf des Beisammenseins zu gewährleisten. Ein rascheres Erscheinen der Gleitsubstanz wird im Alter möglicherweise durch regelmäßigen und häufigen Koitus erreicht.

Die Erweiterung des inneren Vaginalrohres ist im Alter gleichfalls herabgesetzt und verlangsamt. Die Elastizität der Scheidenwände, vor allem bei Frauen, die auf normalem Wege geboren haben, nimmt ab.

All diese Faktoren mindern die Qualität der Vagina als Reizspender und als Empfänger von Reizimpulsen; sie können den Geschlechtsverkehr sogar schmerzhaft machen. Es ist daher für beide Teile wichtig, die Veränderungen zu erkennen, sich darauf einzustellen und ihnen wirkungsvoll zu begegnen.

Die verringerte Produktion weiblicher Hormone beeinflußt das psychische und physische Befinden einer Frau entscheidend. Das wirkt sich auf ihre Einstellung zur Sexualität aus. Dies sollte ein Mann bedenken, wenn er die nachlassende Begeisterung für seine Liebesbezeugungen registriert. Hormongaben verbessern das Allgemeinempfinden einer Frau, so daß sich ihr Verlangen nach geschlechtlichen Kontakten wieder einstellen kann.

Zurückhaltung ist geboten

Betrachten wir nun Reaktion des älteren Mannes auf die sexuelle Stimulation. Alle Reaktionen laufen auch bei ihm langsamer ab als in der Jugend. Es ist die gleiche Zurückhaltung geboten wie bei der älteren Frau. Keine stürmischen Reibungen also, da sie eher das Gegenteil bewirken. Auch hier zarte Berührungen, Andeutungen.

Ähnlich wie bei der Frau ist das Eregieren der Brustwarzen ein erstes Anzeichen einer sexuellen Erregung. Reagiert der schlaffe Penis bei jungen Männern innerhalb von drei bis fünf Sekunden, so braucht er bei älteren die doppelte bis dreifache Zeit, wenn nicht länger. Verliert der Penis die einmal gewonnene Erektion vor dem Höhepunkt, kann eine neue auch bei effektiver Stimulation oft nur sehr schwer erreicht werden.

Nach einer Ejakulation dauert es bei einem älteren Mann häufig zwölf bis 24 Stunden, ehe eine neuerliche Versteifung möglich ist. In der Erregungsphase kommt es zu einer Anspannung und Verdickung des Hodensackes, später werden die Hoden angehoben; auch diese Reaktionen sind im Alter merklich herabgesetzt. Nur wenn die Hoden bis an den Damm angehoben sind, kommt es zu einer vollen Ejakulation. Der linke Hoden, der eine tiefere Normallage hat, wird meist erst kurz vor dem Orgasmus angehoben. Wenn der Mann die Erektion nicht lange aufrechterhalten kann, sollte nach ihrem Erreichen, sofern bei der Frau die notwendigen Voraussetzungen erfüllt sind, mit dem Hauptakt nicht lange gewartet werden.

In Teil zwei des Liebesaktes, der Plateauphase, zieht sich bei der Frau die Klitoris zurück; ihre Eichel verschwindet unter der Vorhaut, so daß der gesamte Klitoriskörper um die Hälfte reduziert erscheint. Die Verfärbung der kleinen Schamlippen über ziegelfarbig bis burgunderrot kurz vor dem Orgasmus läßt im Alter nach und verschwindet schließlich ganz. Die Bartholinschen Drüsen, die in den kleinen Schamlippen beiderseits des Scheideneingangs liegen und deren Sekret dazu dient, den Vorhof und den Eingang während eines länger andauernden Geschlechtsverkehrs gleitfähig zu erhalten, produzieren meist nur ein bis zwei Tropfen, im Alter geringfügig weniger.

Die wichtigste und auffälligste physiologische Reaktion in der Vagina ist die Entwicklung der orgastischen Manschette im äußersten Drittel der Scheide. Während in der Erregungsphase nur eine geringe Erweiterung dieses Scheidenteiles erfolgt, kommt es in der Plateauphase zu einer lokalen Blutstauung, die Manschette schwillt an. Diese Stauung und die prall gefüllten kleinen Schamlippen schaffen die Grundlage für die physiologische Reaktion beim Orgasmus.
Das Anschwellen erfolgt, sofern wirkungsvoll stimuliert wird, bei Frauen jeden Alters, allerdings ist die Blutstauung entsprechend den altersbedingten Veränderungen eingeschränkt. Sie bleibt, wenn die Frau keinen Orgasmus hatte, etwa zwanzig bis dreißig Minuten lang erhalten und verhindert wie ein Stöpsel das Herausfließen des Samens, was für die Befruchtung von Bedeutung ist. Nach einem Orgasmus löst sich die Spannung in der Manschette rasch auf, die angestauten Blutmassen können abfließen.

Bei älteren Männern wird die volle Erektion meist erst kurz vor dem Orgasmus erreicht. Der gesamte Penis nimmt vor der Ejakulation an Länge und Durchmesser zu, während bei jungen Männern in diesem Stadium lediglich die Basiswulst an der Eichel anschwillt. Die Eichel kann sich in der späten Plateauphase verfärben, die fleckige, rötlich-bläuliche Farbe vertieft sich. Bei einer länger anhaltenden Plateauphase kommt es häufig vor der Ejakulation zum Austritt einer geringen Menge von Flüssigkeit, die wahrscheinlich aus den Cowperschen Drüsen stammt und möglicherweise den Säuregehalt der Harnröhre neutralisieren soll. Die Flüssigkeit enthält oft schon aktive Spermien in geringer Anzahl.
Wegen der altersbedingten Veränderungen ist es bei einem Mann selten möglich

und für eine Frau im fortgeschrittenen Alter nicht angebracht, den Penis ohne ausreichendes Vorspiel in die Scheide einzuführen. Bei eng gebauten Frauen können Beschwerden auftreten, die vorhandene Erregung geht zurück oder schlägt gar ins Gegenteil um. Diese Beschwerden sind unabhängig von der Größe des Penis. Vorsicht ist bei längerer Abstinenz der Frau geboten. Wenn sie keine Schmerzen empfindet, tritt bei richtiger Stimulation die Erweiterung des Vaginalrohres, das im Alter auffällig verengt ist, rasch ein. Da die Scheidenmuskulatur an Spannung und Elastizität verloren hat, überdehnt sie sich in Länge und Weite. Es entsteht das Gefühl, als verliere sich der Penis in der Scheide und stoße ins Leere.

Viele Frauen klagen im Alter beim länger andauernden oder rasch wiederholten Geschlechtsverkehr über Schmerzen. Ursache sind häufig der Schleimhautschwund in der Vagina und die fehlende Gleitflüssigkeit. Bei manchen Frauen wird wegen der dünnen Scheidenwände die Blase gereizt und ein Zwang zum Urinieren ausgelöst. Viele Frauen haben in den ersten Stunden nach dem Verkehr ein Brennen beim Wasserlassen.

Totale Hinwendung zum Partner

Betrachten wir abschließend die tiefe Symbolik, die in den Bewegungen des Geschlechtsaktes liegt. Welche Ausdrucksfähigkeit liegt doch in der koitalen Bewegung, die zum Partner hin gerichtet ist und sich von diesem nur entfernt, um sich ihm, einmal langsam und zärtlich, dann wieder kraftvoll und stürmisch, immer wieder zu nähern und einzudringen in dem Verlangen, mit dem ganzen Körper der Geliebten zu verschmelzen. Alles, was ein Mann fühlt in diesen Augenblicken, vermag er mit seinen Stößen auszudrücken.

Freilich ist die Ausdrucks- und Empfindungsfähigkeit im Alter reduziert. Während ein jugendlicher Liebhaber jede Falte der Scheide genießt, in millimeterweisem Zurückgleiten die Eichel von Rille zu Rille schlüpfen läßt mit angehaltenem Atem, um feinste Gefühlsnuancen auszukosten, bleiben dem älteren Genießer nur die weiten und langsamen Bewegungen im Bereich des Scheideneinganges und die wohlbedachte Auswahl unter den reizstärksten Positionen.

Der volle Genuß bei der körperlichen Vereinigung wird für Mann und Frau nur erreicht, wenn beide in angemessenem Maße aktiv sind. Eine Frau, die den Akt passiv über sich ergehen läßt oder gar erleidet, darf sich nicht wundern, wenn sie letzten Endes leer ausgeht. Nicht nur körperlich sollte sie, wenn es ihr möglich ist, mit dem Partner gehen. Sie muß sich vor allem geistig völlig entspannt fallen lassen, sie muß in ihm und im gemeinsamen Bestreben aufgehen, den beglückenden und entspannenden Höhepunkt, das Nirwana der Liebe zu erreichen.

Nur ein Mann, der seine Frau gleichermaßen am Lustgewinn beteiligt, kann eine gute Geliebte erwarten.

Der Orgasmus

Physiologisch gesehen ist der Orgasmus die körperliche Befreiung von einer zunehmenden, sich als Reaktion auf sexuelle Stimulation entfaltenden Blutstauung mit ansteigender Muskelspannung. Und er ist die subjektive Wahrnehmung des Endpunktes körperlicher Reaktion auf sexuelle Reize.

Der Orgasmus gehört zu den Grundphänomenen menschlicher Existenz. Er stellt eine biologische Erschütterung des gesamten vegetativen Systems dar, wie sie in dieser Intensität kein anderer Funktionsablauf des menschlichen Körpers aufweist. Der Gynäkologe Engelmann bezeichnet deshalb die geschlechtliche Vereinigung mit abschließendem Orgasmus als die krönende Leistung des vegetativen Nervensystems.

Grundsätzlich müssen wir unterscheiden zwischen vorhandener Erregbarkeit, die man als Libido bezeichnet, und der Entspannungsfähigkeit durch den Orgasmus. Nicht jeder, der Libido besitzt, ist orgasmusfähig, aber jeder Orgasmusfähige muß Libido haben. Die Orgasmusfähigkeit ist nicht Ausdruck des Hormonspiegels, jedoch ist zur Erreichung eines Orgasmus ein Mindestmaß an innersekretorischer Aufladung erforderlich. Ein höherer Hormonspiegel bedeutet lediglich eine größere Orgasmuswahrscheinlichkeit.

Die Funktion des Orgasmus ist weitgehend unverständlich. Sein mit einem Reflex vergleichbarer Ablauf führt zur Ausstoßung des männlichen Samens und erleichtert bei der Frau durch das Hochwandern des cervikalen Schleimpfropfens in Richtung Gebärmutter die Befruchtung; darüber hinaus hat er für die Fortpflanzung keinerlei Bedeutung.

Der Orgasmus hat eine auslösende, ja erlösende, Spannung abbauende Wirkung. Seine sehr schwer steuerbaren, zum Teil dem Willen völlig unzugänglichen rhythmischen Bewegungsabläufe haben einen anfallsartigen, einschließlich der auf dem Höhepunkt einsetzenden Bewußtseinstrübung epileptoiden Charakter. Seine geistig-seelischen Auswirkungen, das gemeinsame Sichfallenlassen, die Hingabe bis zum Vergessen und Vergehen bewirken, im Gegensatz zur lediglich entspannend wirkenden Selbstbefriedigung, selbst in schwierigen Ehen eine starke Bindung und können Differenzen ausgleichen.

Die Frau, das unbekannte Wesen

Betrachten wir zunächst den weiblichen Orgasmus. Seine Funktion ist noch unklarer als die des Mannes. Bis um die Jahrhundertwende erreichten die wenigsten Frauen einen Höhepunkt. Erst in den letzten Jahrzehnten wurde die grundsätzliche

Orgasmusfähigkeit der Frau erkannt und zugegeben, daß die sexuelle Befriedigung für das seelische und körperliche Wohlbefinden der Frau ebensolche Bedeutung hat wie für den Mann. Dennoch kommt noch heute etwa ein Drittel der Frauen nie zu einem Höhepunkt, haben siebzig Prozent der amerikanischen Frauen Orgasmusstörungen.

Nicht selten, besonders in früheren Jahren, simulierten viele Frauen einen Orgasmus, um ihren Männern das Gefühl zu geben, sie sexuell befriedigt zu haben. Viele schämten sich und schämen sich noch heute, daß ihnen erst die manuelle Reizung der Klitoris den letzten Anstoß zu einem Höhepunkt bringt. Zur Scham besteht jedoch nicht der geringste Anlaß, da die meisten Frauen durch die Stimulation des Penis allein nicht zum Orgasmus kommen, sondern einer zusätzlichen Reizung ihrer Klitoris bedürfen. Eine Reizergänzung ist deshalb sinnvoller als stundenlange Beckenstöße. Die Stimulation der Klitoris kann auch nach dem Orgasmus des Mannes oder völlig unabhängig davon geschehen.

Weniger günstig ist es, die Frau vor dem Geschlechtsverkehr zum Orgasmus zu führen. Der Lustgewinn durch die körperliche Vereinigung entfiele dann, und der Mann hätte mit einer erschlafften Partnerin wenig Freude. Vielfach haben die Männer, soweit sie nicht unwissend oder zu bequem sind, ganz einfach Hemmungen vor manueller Stimulation, weil sie fürchten, damit eine eigene Unzulänglichkeit zuzugeben.

Jede geschlechtliche Erregung steigert die Durchblutung des Beckens und der Schwellkörper in den Genitalien; dadurch entsteht eine sexuelle Spannung, die nach Entladung verlangt. Mit jedem Orgasmus kommt es zu einer Vermehrung der Blutgefäße, was die Erregbarkeit verbessert und damit das Erreichen des Orgasmus beim nächsten Mal erleichtert. Die Wirkung von Aphrosiadica beruht letzten Endes auf einer Durchblutungssteigerung in der Beckengegend.

Die Pille hat durch weitgehende Aufhebung der Angst vor Schwangerschaft ganz allgemein die Orgasmusrate steigen lassen. Laut Dr. Ringrose nahm die sexuelle Befriedigung von kanadischen Frauen nach Einnahme der Pille um 53 Prozent zu. Manche Frauen sind multiorgastisch veranlagt; sie können also mehrere Orgasmen hintereinander haben, wobei deren Qualität noch zunehme.

Unter klinischen Bedingungen gelang es in Amerika, wie die Kinsey-Schülerin Mary-Jane Sherfey in „Potenz der Frau" berichtet, bei einer Frau fünfzig Orgasmen nacheinander auszulösen. Im Orient und in der östlichen Welt werden Frauen mitunter so oft zum Orgasmus gebracht, bis sie ohnmächtig werden. Wenn dies auch kein nachahmenswertes Beispiel ist, so beweist es doch, daß das weibliche Nervensystem, zum Teil stärker als das männliche, die Fähigkeit besitzt, mehrmals hintereinander den Höhepunkt zu erreichen. Man begründet die Fähigkeit zu Multiorgasmen mit der Tatsache, daß Frauen beim Höhepunkt keine Samen ausstoßen.

Der nahende Höhepunkt zeigt sich an einer Zunahme der Spannungen im ganzen Körper. Ein Drängen, das sich zum Becken hin orientiert, wird fühlbar. Die Muskulatur am Hals, an den Armen und Beinen zieht sich wie bei einem unwillkürlichen Spasmus zusammen; das Gesicht wird in einem Übermaß an Gefühlen grimassierend verzogen zu einem Ausdruck, der gemischt ist aus völliger Geistlosigkeit, höchster Wonne und tiefstem Schmerz.

Die Körpertemperatur ist erhöht, um schnell und intensiv chemische Prozesse in den Zellen ablaufen lassen zu können. Die Hypophyse, Schild- und Nebennieren, Speichel- und Schweißdrüsen beschleunigen ihre Produktion, in Wallung gebrachte Hormone jagen ihre Signale durch den Körper, um alles Empfinden zu mobilisieren und auf einen Punkt zu konzentrieren.

Lippen und Ohrläppchen schwellen an, der Blutdruck kann sich verdoppeln, der Puls steigt von 80 auf 130, die Atmung erscheint mühsam. Beim Herannahen des Orgasmus kommt es zu einem weitgehenden Ausfall der Sinnesorgane bis hin zum „süßen Tod". Der ganze Körper scheint nur noch aus Gefühlen zu bestehen, die sich im Becken konzentrieren und einem unaufhaltsamen Höhepunkt entgegenstreben.

In Rückenlage greift die Frau bei steil ansteigender Erregung unwillkürlich mit Armen und Beinen nach ihrem Partner, sucht ihn zu umfangen, an sich zu drücken, um ganz tief aufzunehmen. Vor dem Einsetzen der Kontraktion kommt es gefühlsmäßig zu einem Stillstand, der wie das Ansetzen zum letzten, entscheidenden Sprung empfunden wird, gewissermaßen ein Initialspasmus. Diesem Verharren, das etwa zwei bis vier Sekunden währt, folgt, klitorisgerichtet und ins Becken ausstrahlend, ein Schub intensiver Empfindungen, die bei manchen Frauen wie ein Schock wirken.

Ein Drang zu pressen stellt sich ein, ein Gefühl von Wärme breitet sich im Becken aus und erfaßt allmählich den ganzen Körper. Dem folgen, nach einem Empfinden intensivster Anspannung, wie von einer Feder geschnellt, die Kontraktionen der Genitalorgane, die von der orgastischen Manschette im äußeren Scheidendrittel ausgehen und den physiologischen Beginn des Höhepunktes anzeigen. Die Manschette kontrahiert bei jüngeren Frauen fünf- bis zehnmal, bei älteren drei- bis fünfmal, und zwar im Abstand von 0,8 Sekunden.

Ein Orgasmus von acht bis zwölf Kontraktionen ist äußerst intensiv. Die Kontraktionen werden als ein anfangs heftiges, später nachlassendes Pulsieren im Genitalbereich empfunden, das mit dem Abklingen in den Rhythmus des Pulsschlages übergeht; es ist, als schlage das Herz im Becken.

Simultan mit der orgastischen Manschette der Scheide kontrahieren die Gebärmutter sowie die Blasen- und Analschließmuskeln mit unregelmäßiger, unterschiedlicher Intensität, was von älteren Frauen bei zu großer Heftigkeit gelegentlich als schmerzhaft empfunden werden kann.

Im letzten Stadium kontrahiert die Aureola der Brustwarzen, die Haut wird runzelig, was das sichere Anzeichen ist, daß die Frau einen Orgasmus hatte. Die Brustwarzen selbst bleiben noch eregiert und geschwollen. Unmittelbar nach dem Orgasmus hat die Atemluft der Frau, sofern der Samen in ihre Scheide entleert wurde, einen typischen Spermageruch; es kommt also zu einer raschen Resorption der Samenflüssigkeit.

Das Gefühl des Unvermeidbaren

Der Orgasmus des Mannes findet seinen physiologischen Ausdruck in der Ausstoßung des Samens. Unmittelbar vor dem Höhepunkt erwächst ein Gefühl des Unvermeidbaren, es kommt, ist ab einem gewissen Stadium nicht mehr zu steuern, es kann weder unterbrochen noch verhindert werden. Ein Drängen ist in ihm, er erwartet ungeduldig die Entspannung bringende Ejakulation.

Vor dem Einsetzen der die Samen austreibenden Kontraktionen kontrahiert der innere Harnblasenschließmuskel, um zu verhindern, daß Samen in die Harnblase läuft oder Harn aus der Blase tritt und sich mit dem Samen mischt. Die ersten zwei bis drei Kontraktionen sind äußerst heftig. Sie pressen den Samen mit solchem Druck aus der Harnröhre, daß er bei jungen Männern dreißig bis sechzig Zentimeter weit geschleudert wird. Die Terminalkontraktionen verlaufen dann eher spannungslos und lassen den Samen beinahe ohne jedes Gefühl des Ergusses austreten. Nach einigen Tagen sexueller Abstinenz wird eine größere Menge Samen ejakuliert, was subjektiv mit einem größeren Lustgefühl verbunden ist.

Das Orgasmusgefühl ist vom Samenausstoß unabhängig. Es kann auch von Knaben vor der Pubertät erlebt werden. Rasch folgende Orgasmen mit weniger Ejakulat sind gefühlsmäßig weniger ergiebig; bei Frauen dagegen ist der zweite oder dritte Orgasmus stärker als der erste.

Alle Reaktionen verlaufen beim älteren Mann, besonders wenn er über Sechzig ist, wesentlich langsamer und flacher ab. Häufig klagen ältere Männer über eine geringer werdende Intensität des Lustgefühls. Bis zu einem gewissen Grad, bei einer zwangsläufigen Abstumpfung, kann man die Stärke des Empfindens steuern. Einen ganz milden Orgasmus erreicht man, wenn man den Penis in der Endphase tief und bewegunglos in der Scheide läßt. Man fühlt dann nur den Rhythmus der Kontraktionen.

Das stärkste Gefühl entsteht für einen Mann, wenn er beim Herannahen des Höhepunktes langsame und weite Bewegungen ausführt, den Penis bis zur letzten Kontraktion möglichst weit über die Eichel aus der Scheide zieht, ohne jedoch den Kontakt mit ihr zu verlieren, und wieder ganz langsam einführt. Je langsamer und weiter die Bewegungen, desto stärker das Gefühl. Bei normalem Rhythmus hält sich das Empfinden in der Mitte: je schneller die Stöße folgen, umso mehr nähert es sich dem Gefühl bei tief in der Scheide ruhendem Penis.

Die Stärke des Orgasmusgefühls hängt also weitgehend davon ab, wie stark und ungehindert sich die Schwellkörper des Penis, vor allem der Eichel, ausdehnen können. Werden diese mit Druck von der Scheide allseits umfangen, bleibt der Höhepunkt schwach.

Zwischen dem Gipfel des Lustgefühls und dem Herausschleudern des Samens liegen beim jungen Mann etwa zwei bis drei Sekunden, während es beim alternden Mann zunehmend länger dauert, ehe das immer geringer werdende Ejakulat träge und träger herausfließt.

Nach dem Höhepunkt erwarten die Frauen ein gewisses Nachspiel, keinen abrupten Abbruch der Zärtlichkeiten oder gar ihre Umkehrung. Sie wollen einen Übergang, sie wollen das Gefühl haben, daß es nicht allein um den Akt ging, sondern daß sie auch nachher noch geliebt werden. Das ist besonders wichtig, wenn sie selbst keinen Orgasmus hatten. Eine Frau sollte allerdings die natürliche Müdigkeit ihres Partners, der orgasmierte, berücksichtigen, ihm eine Verschnaufpause gönnen und keinen allzu ausgiebigen Epilog erwarten. In dieser Phase schlafen viele Männer ein, was die Anfechtung der Frauen ist.

Der Mann muß sich im klaren sein, daß sein Verhalten nach dem Verkehr die Einstellung einer Frau zur Sexualität wesentlich mitbestimmt, und zwar umso mehr, je weniger sie dabei Befriedigung findet. Erlebt sie selbst einen Orgasmus, so ist sie gleichermaßen ermüdet wie ihr Partner und wird kein allzu großes Verlangen nach einem ausgiebigen Nachspiel haben.

Orgasmusstörungen der Frau

Sigmund Freud erkannte, daß die Klitoris für die heranwachsende Frau die Hauptquelle der Erregung bei Masturbation und beim Austausch von Zärtlichkeiten ist. Er behauptete, die Erregungsfähigkeit müsse bei einer reifen Frau auf die Vagina übergehen, damit sie einen reiferen Orgasmus erleben könne. Eine Frau, die nicht ausschließlich durch vaginale Stimulation zum Höhepunkt gelangen könne, sei psychisch unreif. Dem steht die Tatsache entgegen, daß viele psychisch und physisch gesunde Frauen ohne klitorale Reizung nicht zum Höhepunkt kommen können. Solche Frauen seien, sagt Freud, frigide. Einige seiner Anhänger gingen noch weiter und verkündeten, auf klitorale Reizung angewiesene Frauen seien latent homosexuell.

Van der Velde forderte 1926 in seiner „Vollkommenen Ehe", beide Partner sollten den Orgasmus gleichzeitig erleben, ansonsten sei der Mann ein schlechter Liebhaber. Der männliche Orgasmus müsse den Höhepunkt der Frau auslösen. Die komplexesten menschlichen Reaktionen sollten also auf die Sekunde genau simultan erfolgen, wenn man völlige Harmonie im Bett erreichen wolle.

Hört man solch praxisferne Maximalforderungen, kommt man zu dem Schluß, daß einige der größten Koryphäen auf dem Gebiet der Sexualforschung keinerlei eigene praktische Erfahrung in geschlechtlicher Liebe gehabt haben können. Nach einem ausgedehnten Vorspiel und klitoraler Stimulation während des Aktes ist es durchaus möglich, gemeinsam zum Orgasmus zu kommen. Das Streben nach gleichzeitiger Erfüllung erfordert aber besonders vom Mann neben starker Potenz eine hohe Konzentration, die sehr störend sein kann.
Deshalb ist es wohl viel einfacher, wenn der Mann zuerst zum Höhepunkt gelangt und nachher seine Partnerin befriedigt. Außerdem haben die meisten Frauen ohnedies nicht so oft das Bedürfnis nach einem Orgasmus. Auf keinen Fall ist der gleichzeitige Höhepunkt Voraussetzung für Glück und Harmonie.

Alfred Kinsey sagte 1941 nach der Befragung von achttausend Frauen, die Vagina sei nicht, wie angenommen, Mittelpunkt sensorischer Reize, ein vaginaler Orgasmus deshalb eine biologische Unmöglichkeit. Die Scheidenschleimhaut sei völlig unempfindlich und eine Befriedigung durch das Eindringen des Penis rein physischer Natur. Es gebe der Frau bloß ein Gefühl der Einheit und zärtlicher Nähe. Dies ist nicht zutreffend; viele Frauen erreichen, wenn auch nur gelegentlich, allein durch vaginale Reizung den Höhepunkt.

Masters und Johnson stellten 1967 fest, die Klitoris sei das Zentrum sexuellen Empfindens bei der Frau. Sie irrten, als sie annahmen, jeder beim Geschlechtsverkehr erreichte Orgasmus sei auf direkte oder indirekte Reizung der Kitoris zurückzuführen. Sie behaupteten, durch die Penisstöße würden die kleinen Schamlippen vorund zurückgezogen und übertrügen diese rhythmischen Bewegungen auf die Klitorisvorhaut, die dadurch, ähnlich wie beim Mann, die Klitoriseichel massiere und stimuliere. Bei den wenigsten Frauen funktioniert jedoch dieser Mechanismus. Meist sind die Organe so gebaut, daß durch den Penis keine ausreichende Stimulation der Klitoris bewirkt wird, außer wenn der Scheideneingang extrem weit vorn liegt.

Beim Geschlechtsverkehr, vor allem im Alter, reicht in der Regel die indirekte Reizung des Kitzlers nicht aus, um einen Höhepunkt herbeizuführen. Nur wenn bei äußerster Erregung der Klitoris die Schamlippen und der Scheideneingang stark angeschwollen sind und die Scheide den Penis so gut umschließt, daß ausreichend Zug und Druck entstehen, wird durch die Penisbewegungen die Klitorisvorhaut derart hin und her bewegt, daß ein Orgasmus möglich ist.

Masters und Johnson gewannen viele grundlegende Erkenntnisse über die sexuellen Reaktionen. Sie irrten, als sie behaupteten, die sexuelle Reaktion der Frau und ihre Orgasmusfähigkeit veränderten sich in langen Ehejahren so gut wie nicht. Dies lag wohl an der Auswahl der Probandinnen, die schon bei den ersten Tests ein Höchstmaß an Orgasmusfähigkeit erreicht hatten. Neueren Erkenntnissen zufolge verbessert sich die Reaktionsfähigkeit einer Frau nach einer gewissen Anpassungsphase durchaus.

1976 erklärt Shere Hite nach der Auswertung von dreitausend Fragebögen, der Orgasmus hänge in irgendeiner Form von der klitoralen Stimulation ab und folge stets dem gleichen physiologischen Muster. Der Arzt und Psychotherapeut Alexander Lowen sagte 1980, daß die Frauen sehr wohl vaginale Empfindungen hätten. Erst die vaginalen Lustgefühle vermittelten eine starke, tief sexuelle Reaktion. Die vaginale Rezeptionsfähigkeit trete erst nach der Pubertät ein. Bei reifen Frauen behalte die Klitoris ihre Empfindlichkeit bei, sie gebe diese nicht an die Vagina ab, vielmehr werde sie um deren Empfindlichkeit erweitert.

Das weite Feld der Ursachen

Orgasmusstörung durch erektive Potenzschwierigkeiten, ähnlich denen des Mannes, gibt es bei der Frau nicht. Selbst bei ungenügender Auffüllung der Schwellkörper ist der Geschlechtsverkehr und damit ein Orgasmus möglich. Das ist auch der Grund, warum man eine Frau gegen ihren Willen zum Beischlaf zwingen kann, nicht aber einen Mann, es sei denn von einem Mann zum Analverkehr.

Es gibt absolute und relative Formen von Störungen der orgastischen Potenz bei Frauen. Die Skala reicht von der Schwierigkeit, einen Orgasmus zu definieren und zu erkennen, weil vielleicht übertriebene Vorstellungen bestehen, über kaum wahrnehmbare Störung bis hin zur totalen Orgasmusunfähigkeit. Der Orgasmus kann sich aufsplittern, so daß er nicht mehr als explosive Entladung empfunden wird und in sonstigen Lustgefühlen untergeht.

Versuchen wir zunächst die Hauptgründe für eine Orgasmusstörung aufzudecken. Sicher steht, wenn die Mehrheit der Frauen in der Liebe unerfüllt bleibt, ihre eigene Unwissenheit und die ihrer Partner im Vordergrund. Die meisten Menschen wissen über den Mond besser Bescheid als über Vorgänge, denen sie ihr Leben und die höchste Lust des Erdendaseins verdanken.

Der Schlüssel zum Erfolg liegt deshalb für viele darin, ihren eigenen Körper und den ihres Partners sowie deren Rollen beim sexuellen Geschehen kennenzulernen. Der Geschlechtsakt, soweit er nicht allein auf Zeugung ausgerichtet ist, sondern für beide Teile Befriedigung und Beglückung bringen soll, läuft ja nicht instinktiv ab, er muß erlernt werden.

Mit sehr geringen Einschränkungen gilt, daß es keine frigiden Frauen gibt, sondern nur ungeschickte und unwissende Männer. Eine scheinbar frigide, sonst jedoch normale und gesunde Frau ist in der Regel noch keinem guten Liebhaber begegnet. Jedenfalls hat Orgasmusfähigkeit nichts mit psychischer oder physischer Unreife zu tun. Die Fähigkeit einer Frau zum Orgasmus wächst mit ihrem Bildungsgrad und ihrem sozialen Status, vor allem wohl, weil diese vorhandene Hemmungen abbauen.

Die zweithäufigste Ursache für Empfindungslosigkeit, Scheu oder gar Ablehnung des Geschlechtsverkehrs ist eine falsche Erziehung. Es ist nicht verwunderlich, daß vor zwei bis drei Generationen die meisten Frauen noch ein Eheleben ohne größere sexuelle Lust führten, denn diese war allein Männersache, die Frau war nie Subjekt, sondern meist nur Objekt der Lust. Bis zum Beginn unseres Jahrhunderts sprach man ihr ja rundweg die Orgasmusfähigkeit ab.

Noch eine Art von Hemmnis sitzt tief im Unterbewußtsein und beeinflußt unser Tun und Denken: die religiösen Gebote und Verbote, die aus ihnen resultierenden Schuldgefühle, die Angst vor dem Sündenfall und dem Absturz in ewige Verdammnis. Sie wirken besonders nachhaltig, weil sie im jüngsten, aufnahmefähigsten Alter anerzogen werden; die angedrohten Schrecknisse prägen oft das ganze Erdenleben. Was im Unbewußten schlummert, ist als Quelle für Hemmungen und Abneigungen nur schwer aufzudecken und noch schwerer zu überwinden.

Es gibt Frauen, die ihrem Mann in „reiner Liebe" ergeben sind. Es ist ihnen unmöglich, mit ihm etwas zu tun, was sie aus alten Erziehungseinflüssen heraus für ordinär oder schmutzig halten, während sie es mit anderen Männern eher vermögen. Natürlich gibt es auch Männer, die aus den gleichen Motiven heraus den Geschlechtsverkehr mit ihren Frauen ablehnen.

Völlig anders reagiert der „Brunhildetyp". Anstatt in der geschlechtlichen Vereinigung mit dem Mann ein ideales Bindeglied zwischen den Geschlechtern und das Erreichen einer höheren Einheit zu erblicken, bekämpft er bewußt oder unbewußt das männliche Geschlecht und seine vermeintliche Überlegenheit. Dabei gibt es bei gleichem Lustgewinn keine Überlegenheit des Mannes im Sexuellen. Doch dieser Typ von Frau ficht aus dem subjektiv empfundenen Zwang heraus, sich behaupten zu müssen. Eine körperliche Vereinigung ist zwar möglich, nicht jedoch ein Orgasmus, der eine verpflichtende Unterwerfung und Abhängigkeit sowie eine Anerkennung vermeintlicher männlicher Überlegenheit bedeuten würde.

Brunhilde, die mannhafte Walküre, unterliegt ihrem Gatten Gunter in einem erbitterten Kampf der Geschlechter, doch nur, weil ihm sein Vasall Siegfried half. Für diesen Betrug hängt sie ihren Gatten, an allen Gliedern gefesselt, im Brautgemach auf und läßt ihn zum Gespött aller bis zum nächsten Morgen hängen. Brunhilde wird Siegfried für die ihr angetane Schmach ein Leben lang hassen; nur sein Tod kann sie von diesem Makel befreien.

Nichts kettet eine Frau stärker an einen Mann als das seelisch zutiefst erschütternde Erlebnis des gemeinsamen Orgasmus.

Manche Frauen sind ständig auf der Suche nach einem männlichen Ideal, das sich aus Filmen oder Romanen in ihnen gebildet hat. Eine körperliche Erfüllung mit einem real existierenden Mann, der diesem Traumbild nicht entspricht, ist für sie nicht möglich. Andere wieder können wohl mütterliche Fürsorge, aber keine Sinnlichkeit verschenken. Sie ordnen ihren Mann ein in die Reihe ihrer vorhandenen oder erträumten Kinder; sie gestatten ihm den Verkehr, weil sie um dessen Notwendigkeit für ihn wissen, aber für sie selbst ist er kein Gewinn. Der Typ Mann, der diese Frau sucht, weil er sie irgendwie braucht, ist gar nicht so selten, besonders unter Künstlern. Die Ehe kann, trotz unerfüllt bleibender Frau, gut gehen, wenn es andere Gemeinsamkeiten gibt.

Ein anderer Typ ist die unselbständig und infantil gebliebene Frau mit häufig kindlichen Genitalien. Sie wählt einen väterlich wirkenden Partner.

Natürlich können akute Erkrankungen wie beispielsweise Diabetes, TBC oder Fettsucht die Orgasmusfähigkeit beeinflussen. Unpäßlichkeiten und sonstige Erkrankungen, seelische Belastungen, Streß und Sorgen aller Art verändern die sexuelle Ansprechbarkeit.

Alkohol steigert anfangs die sexuelle Erregbarkeit, senkt aber gleichzeitig die Leistungsfähigkeit; auf die Dauer wird auch die Erregbarkeit beeinträchtigt. Echte Alkoholiker werden, wie alle Süchtigen, die anfangs unter dem Einfluß gewisser Mittel wahre Lustorgien erleben können, früher oder später impotent.

Verborgene Schuldgefühle sind ebenfalls einer zum Erfolg führenden Hingabe hinderlich. Auch haben es Frauen mit starkem Willen schwerer, zur Erlösung zu kommen, vor allem wenn sie, oft insgeheim oder unbewußt, ihr eigenes Geschlecht ablehnen. Vielfach unterdrücken sie den Trieb, um sich nicht hingeben zu müssen.

Ungeeignete räumliche Verhältnisse, Hellhörigkeit der Wände, Angst vor Entdeckung und andere Störfaktoren, ein taktloser, unzuverlässiger oder gar brutaler Mann können die normalen Funktionsabläufe einer Frau ungünstig beeinflussen. Frauen, die beruflich in ständiger Rivalität zum männlichen Geschlecht stehen, führen oft einen falsch verstandenen Kampf um Gleichberechtigung im Bett und geben sich in sexuellen Dingen betont distanziert oder uninteressiert.

Eine schwer zu lösende Behinderung des Geschlechtsverkehrs stellt für manche Frauen der Vaginismus dar. Eine automatisch einsetzende, reflexartige Abwehr gegen den Mann, der die körperliche Vereinigung vollziehen will, führt zum Verschluß der Scheide. Früher versuchte man diese Erscheinung, in völliger Verkennung der Ursachen, mit „Spreizapparaten" zu therapieren. Heute weiß man, daß der Grund für den Scheidenkrampf im seelischen Bereich liegt, sei es, daß der erste Verkehr gewaltsam erzwungen oder durch die Mutter Angst vor dem Geschlechtsverkehr suggeriert wurde. Auch frühkindlich miterlebte Geburtsschmerzen können einen Vaginismus bewirken. Hier kann meist nur durch eine tiefenpsychologische Behandlung Abhilfe geschaffen werden. Die betroffenen Frauen ersehnen oft die Annäherung eines Mannes; im entscheidenden Augenblick verkrampfen sich jedoch ihre Genitalien in unbewußter und im Grunde ungewollter Abwehr. Das beim Vaginismus auftretende Wundgefühl kann sich bis zum Gefühl, gepfählt zu werden, steigern.

Nicht immer exakt gegen den seelisch bedingten Vaginismus abzugrenzen ist der durch organische Ursachen hervorgerufene Pseudovaginismus. Dieser kann auftreten, wenn die Scheide tatsächlich zu eng ist, was allerdings nur sehr selten vorkommt. Jedes Schmerzen verursachende Eindringen kann zu reflektorischer Abwehr durch einen Scheidenkrampf führen.

Frauen mit extremer klitoraler Empfindlichkeit bis hin zur Überempfindlichkeit bei gleichzeitiger Gestörtheit der vaginalen Empfindung bezeichnet man als Nymphomaninnen. Sie sind ewig auf der Suche nach einem Partner, der ihnen orgastische Erlösung bringen könnte. Es handelt sich oft um Frauen mit ansprechendem und lebhaftem Äußeren, doch ist die nervöse Unruhe der Grund ihrer Lebhaftigkeit, die Vitalität und sexuelle Erregbarkeit vortäuscht. Sie vernachlässigen ihre Scheide und sind völlig auf ihre Klitoris fixiert, was zu deren Überempfindlichkeit führt. Da eine Entspannung ausbleibt, gehen sie immer wieder neue Verbindungen ein. Das ist selten auf hormonelle Überproduktion zurückzuführen; ihre Triebkräfte sind an sich eher unterdurchschnittlich.

Die chronische Blutüberfüllung der Genitalien, verbunden mit zum Teil starkem Ausfluß bei gleichzeitiger Dauerabwehr, nennt man Pruritus vulvae. Dieser Zustand kann Patientin und Arzt gleichermaßen zur Verzweiflung bringen. Die ständig hoch erregte Frau leidet unter dauerndem Juckreiz und kratzt ihre Genitalien blutig.

All diese Störungen, die eine Frau hindern, die sexuellen Spannungen abzubauen, machen sie gereizt und nervös. Gegen ihren Mann, den sie häufig für ihr Unbefriedigtsein verantwortlich macht, ist sie unfreundlich. Sie fühlt sich zerschlagen, flüchtet in hypochondrische Krankheiten, was zu völliger geschlechtlicher Abstumpfung und schließlich zur Abscheu führen kann. Die berühmte Herzneurose steht in einem auffallend hohen Prozentsatz in Wechselbeziehung zu Orgasmusstörungen, ebenso die Migräne. Ein empfehlenswertes Hilfsmittel, um Frauen auch in hartnäckigen Fällen das Erreichen des Orgasmus zu erleichtern, sind Vibrations- und Massagegeräte.

Im alten Griechenland war man der Ansicht, daß Hysterie dann eine Frau befalle, wenn ihre Gebärmutter (Hystera) nicht durch den männlichen Samen gekühlt werde.

Bis auf wenige Ausnahmen sind alle Frauen prinzipiell orgasmusfähig. Nach Gerti Sänger ist eine Frau nicht frigide, wenn sie in Selbstbefriedigung Entspannung findet, nur mit zusätzlicher Handreizung zum Orgasmus kommt oder durch bestimmte Liebkosungen vor und nach dem Akt zum Höhepunkt gelangt.
Sie ist präorgastisch, wenn sie wohl in Erregung gerät, diese aber vor Erreichen des Höhepunktes abfällt; wenn sie den Orgasmus herbeisehnt, diesen aber nicht erreichen kann. Präorgastisch ist sie auch, wenn sie sich nicht konzentrieren kann und deshalb den Orgasmus nicht erreicht.
In all diesen Fällen handelt es sich nicht um Frigidität, um echte Gefühlskälte also, sondern um Störungen, die behoben werden können.

Potenzstörungen und Impotenz

Es gibt zwei Arten der Impotenz. Die erste, die Zeugungsunfähigkeit durch das völlige Fehlen oder durch die zu geringe Anzahl befruchtungsfähiger Spermien, interessiert uns im Rahmen dieses Buches nicht. Wohl aber die zweite, die sich bemerkbar macht in der Unfähigkeit zur Erektion und der damit verbundenen Unmöglichkeit, das Glied in die Vagina einzuführen und den Akt bis zum Orgasmus durchzuführen. Diese Art der Impotenz droht eine wahre Volksepidemie zu werden. Trat diese Impotenz in früheren Jahren vor allem jenseits der Fünfzig auf, so ist sie heute in sehr viel jüngerem Alter anzutreffen. Worauf ist das zurückzuführen?

Impotenz kann viele Ursachen haben, die vor allem in der Hektik und der Wertsetzung unserer Zeit zu suchen sind. Der Mann kommt abgespannt von der Arbeit nach Hause, hat vielleicht eine nervenaufreibende Heimfahrt hinter sich. Die Frau ist müde von der Hausarbeit und der Versorgung der Kinder. Beide sind überfordert, gereizt, damit sind die Aussichten auf ein harmonisches Eheleben, unabhängig von anderen Faktoren, schon von vornherein gering.
Die wenigsten von uns älteren Menschen sind körperlich überbeansprucht, was die Potenz an sich weit weniger beeinträchtigen würde als die nervliche und geistige Überforderung, an der wir alle leiden. Vielleicht war der Tag besonders erfolglos, es gab Ärger, keinerlei positiven Impuls, und die Frau empfängt ihren Mann schon an der Haustür mit all ihren Problemen, in der Hoffnung, daß er ein trostreiches Wort für sie findet. Doch was tut er? Er holt sich eine Flasche Bier aus dem Kühl-

schrank, schaltet den Fernseher ein oder nimmt die Zeitung zur Hand, um die Klagen seiner Frau nicht in sein Bewußtsein dringen zu lassen, weil er selbst randvoll gestreßt ist. Während des Essens fällt kein verständnisvolles, geschweige denn ein liebevolles Wort oder eine kleine Anerkennung. Es gibt keine zärtliche Berührung oder gar einen Kuß.

Wenn dann der Herr der Schöpfung ins Bett steigt, erwartet er, so er in Stimmung ist, eine liebestolle Frau, während sie gähnend und mit kaum verborgener Ungeduld darauf wartet, daß er seine ehelichen Pflichtübungen zu Ende bringt. Voller Wehmut denken beide an die ersten Ehejahre und sind maßlos enttäuscht voneinander, fühlen sich mißverstanden und ungeliebt. Jeder sucht die Schuld beim anderen. Keiner macht sich die Mühe, über seinen eigenen Anteil am Mißlingen der Ehe nachzudenken. Und eines Tages funktioniert es auch im Bett nicht mehr. Das Ende der körperlichen Beziehungen ist eingeläutet, viel zu früh oft.

Für den Mann, der zum sexuellen Frührentner wurde, ist dies ein schmerzlicher Einschnitt, während manche Frau nicht böse ist, diesen „Frondienst" nicht mehr leisten zu müssen. Der Mann sucht Trost bei einer anderen, und es klappt merkwürdigerweise noch wie in alten Zeiten. Also ist seine Frau schuld, und er läßt es sie spüren. Wie konnte es so weit kommen?

Grundsätzlich ist ein Mann nicht impotent, wenn er durch Masturbation zum Orgasmus kommen kann und noch die Morgensteife hat, deren Ursache übrigens nicht geklärt ist. Die Meinung, die volle Blase drücke auf die Prostata und löse dadurch die Erektion aus, überzeugt nicht. Das Glied eregiert auch in den Morgenstunden nach Leerung der Blase, während es bei noch so starker Blasenfüllung am Tage zu keiner Erektion kommt. Anscheinend lösen hormonelle Vorgänge in der Ruhephase die nächtliche Gliedsteife aus.

Es liegt bestimmt nicht am Hormonmangel, wenn ein Mann nach angemessener Stimulation zwar eine ausreichende Erektion erreicht, die ein Eindringen in die Vagina ermöglicht, es ihm dann aber schwerfällt oder gar unmöglich ist, beim Geschlechtsverkehr zum Orgasmus zu gelangen. Die Ursachen des Versagens sind vor allem seine Verunsicherung und eine Reizschwäche der Vagina. Die Erschlaffung der Scheidenwände führt bei mangelhafter Gliedsteife zu einem Ausbleiben der Stimulation, was zur Verunsicherung des Mannes und letzten Endes zum völligen Versagen führt. Eine voll ausgebildete Erektion, die im Alter häufig erst kurz vor dem Höhepunkt eintritt, läßt auch bei geringerem Druck der Scheidenwände eine Stimulation erwarten.

Die höchste Potenz erreicht ein Mann im Jünglingsalter von achtzehn bis zweiundzwanzig Jahren. In früheren Jahren, wegen des häufigen Fehlens einer Möglichkeit zu naturgemäßer Entspannung, war diese Zeit eher eine Qual. Kurzzeitige Entspannung kam vielleicht im Traum durch Pollutionen (unfreiwillige nächtliche Samenergüsse), sofern er sich nicht durch Selbstbefriedigung Erlösung verschaffte. Von dieser Zeit an geht es mit der Leistungsfähigkeit des Mannes ständig bergab, wenn dies auch bis zum Alter von etwa fünfzig Jahren kaum bemerkt wird.

Eines Tages steht ein jeder da, sein bestes Stück läßt den Kopf hängen, und weder gute Worte noch zartes oder gar temperamentvolles Bemühen können es aufrichten und zu jugendlichem Feuer erwecken.

Es gibt natürlich eine Zwischenphase, in der jeder dann und wann einen Fehlstart hat, sei es, daß er indisponiert ist oder, was häufiger vorkommt, nicht recht bei der Sache, weil ihn ein Problem beschäftigt. Hier zeigt sich häufig schon die spätere Ursache für ein Versagen, denn im fortschreitenden Alter wird das Gehirn immer stärker zum entscheidenden Zentrum für die Potenz eines Mannes.

Ein querlaufender Gedanke, der in jungen Jahren nicht im geringsten störte, das unpassende Wort seiner Partnerin, und die ganze Herrlichkeit fällt zusammen wie ein zu früh aus dem Ofen gezogener Kuchen. Jetzt ist der Augenblick gekommen, der möglicherweise über die Zukunft der körperlichen Beziehungen eines Paares entscheidet. Denkt der Mann: „Oh Gott, es ist vorbei!" und fürchtet sich vor dem nächsten Mal, kann es wirklich zu Ende sein.

Vor allem, wenn die Frau das gleiche denkt und vielleicht noch froh ist über die Entwicklung, weil sie den Geschlechtsverkehr schon lange als lästig empfindet. Ist sie jedoch eine verständnisvolle und kluge Gattin, der etwas an der Aufrechterhaltung der körperlichen Beziehungen liegt, weil sie deren Wichtigkeit erkannt hat oder ihrer selbst bedarf, dann sagt sie: „Ach, laß ihn halt, quäl ihn nicht. Er ist heut nicht in der richtigen Stimmung, das nächstemal geht es umso besser."   Schon ist die Situation gerettet. Hat es mehrere Male hintereinander nicht geklappt, ist zu empfehlen, mit dem nächsten Versuch einige Tage bei völliger Abstinenz zu warten. Wichtig ist, den richtigen Augenblick für den Start zu wählen: nicht dann, wenn man will, sondern wenn man kann und die übrigen Voraussetzungen gegeben sind.

Die Angst vor dem Versagen

Die Angst vor dem Versagen ist für die meisten Männer das eigentliche Problem. Sie stellt sich im ungeeignetsten Augenblick ein, und im selben Moment spürt man, wie der Kontakt verlorengeht und die Stöße ins Leere führen. Der Reiz scheint völlig erloschen. Nach wenigen krampfhaften Zügen ist man mattgesetzt, versucht es immer aufs neue, will es nicht wahrhaben, nicht zugeben; man ist in Schweiß gebadet und müht sich verzweifelt, zum Höhepunkt zu kommen. Doch alles ist vergebens.

Die Fähigkeit, sich ausschließlich auf das Ziel zu konzentrieren, läßt mit zunehmendem Alter nach. Es ist nicht mehr wie in jungen Jahren, als die randvollen Samenampullen den Verstand weitestgehend auszuschalten vermochten und das Verlangen, zu ejakulieren, alle anderen Gedanken und Belange für die Zeit sexueller Erregung völlig in den Hintergrund drängte.

Im Alter erwächst das Bedürfnis nach körperlichem Beisammensein häufig erst aus kleinen Zärtlichkeiten. Fehlen sie, bleibt das Bemühen oft erfolglos. Die Produktion der Sexualhormone hat merklich nachgelassen, wenn auch ihr Niveau noch ausreicht, auf erotische Reize anzusprechen und zum Orgasmus zu kommen. Diese Fähigkeit bleibt dem Mann bis ins hohe Alter erhalten, vorausgesetzt, er hat regelmäßig Verkehr.

Sehr häufig ist Alkohol schuld am Ausbleiben der Erektion. Alkohol in geringen Mengen genossen wirkt stimulierend, mit zunehmender Menge setzt er die Erektionsfähigkeit herab. Es ist nicht immer leicht zu klären, ob Alkohol Ursache oder Wirkung der Potenzschwierigkeiten ist. Ist er Ursache, und der Betroffene hat die Kraft, diese zu beseitigen, gelingt es in neunzig Prozent der Fälle, eine sekundär erworbene Impotenz zu beheben.

Deutsche Ärzte haben festgestellt, daß starkes Rauchen die Produktion von Testosteron, dem entscheidenden männlichen Hormon, zu senken vermag. Ein weiteres Übel ist das leidige Übergewicht, unter dem jeder zweite Fünfzigjährige leidet und das im Extremfall die sexuellen Fähigkeiten senken oder gar vernichten kann. In noch höherem Maße gilt dies für den Konsum von Drogen oder Rauschgiften.

Alle Faktoren, die das körperliche Wohlbefinden beeinträchtigen, wirken sich vor allem auf die sexuelle Potenz aus, die nachgerade ein Indikator für die körperliche Verfassung ist. Diesen Satz kann man umkehren und folgern, daß Menschen, die regelmäßig und in einem zuträglichen Maße Geschlechtsverkehr haben, körperlich fitter sind. Zum einen, weil über eine ausgeglichene Psyche das körperliche Befinden positiv beeinflußt wird, zum anderen, weil durch den Geschlechtsakt Energien mobilisiert werden, die die Lebenskraft und die Lebensfreude eines Menschen in sehr hohem Maße steigern und damit die Widerstandskraft seines Körpers erhöhen. Kann man sich also gesundlieben? Bis zu einem gewissen Grad sicher.

Viele Männer haben die Befürchtung, ihr Penis sei zu klein. Das ist aber höchst selten der Fall. Die Länge eines schlaffen Penis liegt zwischen fünf und zwölf Zentimetern. Die Länge im eregierten Zustand beträgt, auch bei kleinem Glied, zwischen 15 und 20 Zentimetern. Von Bedeutung für die Frau sind nur fünf bis acht Zentimeter, da sie nur im äußeren Abschnitt der Scheidenröhre gegen Druck und Berührung empfindlich ist.

Jede körperliche oder auch seelische Erkrankung kann vorübergehend die sexuelle Leistungsfähigkeit herabsetzen, so vor allem Leukämie, Tuberkulose, Anämie und Diabetes. Nur ein gesunder, zufriedener Mann, der seine Probleme gelöst hat oder sie ausschalten kann, ist ein guter Liebhaber. Im Hintergrund vorhandene Schuldgefühle und religiöse Schranken können selbstverständlich hemmend wirken.

Ein psychisch verkrüppelter Mann kann bei einer Prostituierten wie ein Bulle sein; bei seiner Frau, die er achtet und liebt, ist seine Libido jedoch gelähmt, wenn er Sex als erniedrigend für sie empfindet. Der Verkehr mit einer Frau, die ihm gleichgestellt ist, erscheint ihm als Entehrung. Dieser Komplex tritt häufig in gebildeten Kreisen auf. Die davon betroffenen Männer suchen sich Dirnen oder Mätressen, die ihnen das Gefühl der Überlegenheit lassen und deren „Benutzung" sie nicht als entehrend für die Frau betrachten.

Impotenz findet oftmals die absurdesten Wege, sich zu verstecken. Der mit Angstkomplexen beladene Junggeselle meidet die Sexualität wie der Teufel den Weihrauch und erfindet immer neue Ausreden und Hindernisse, eine Heirat zu vermeiden. Oft wird die Angst vor dem Versagen in die Form der Verachtung des Sexuellen insgesamt oder des Partners gekleidet; nicht selten sucht sie diesen zum Sündenbock zu machen. Häufig flieht der Impotente in eine Krankheit oder in krankhafte Geschäftigkeit; er sucht Posten, die ihm ein Alibi geben, abends nicht zu Hause sein zu müssen und später als die Frau ins Bett gehen zu können. Oder er bricht einen Streit vom Zaun, der gewährleistet, daß sich keine Zärtlichkeit anbahnt. Viele erklären das Sexuelle für unästhetisch, für etwas Unreines, das man im Alter nicht mehr tut. Ein Casanova würde Impotenz auf seine genossene Jugend zurückzuführen suchen, doch diese hätte, unter Wahrung der Kontinuität, eher das Gegenteil bewirkt.

Der Mann braucht eine verständnisvolle Partnerin

Durch welche Faktoren nimmt die Frau Einfluß auf die Liebesfähigkeit ihres Mannes? Vor allem sollte sie sich darüber im klaren sein, daß ein Mann mit allen Sinnen liebt, daß er stärker als sie auf optische Reize anspricht. So interessieren sich beispielsweise die Hindus hoher Kasten besonders für die Hände einer Frau, während auf Japaner ein langer, schlanker Hals einen erotischen Effekt ausübt. Die Chinesen achten auf kleine Füße, der Orientale schätzt große Augen, während die Afrikaner Fettleibigkeit bevorzugen. Im Westen achten die Männer auf schöne Beine, während die Amerikaner ein schöner Busen erotisiert.

Es ist nicht so sehr ebenmäßige Schönheit, die den Mann anspricht, als viel mehr etwas Rätselhaftes, Unerklärbares, von Mann zu Mann Verschiedenes, das oft nicht bewußt ist. Vielleicht gefallen ihm der Gang einer Frau, ihre Beine, der Busen oder das Haar, vielleicht die Art zu lachen. Eine Frau sollte wissen, was ihren Mann verführt, worauf er am besten anspricht, und diese Eigenheiten pflegen.

Natürlich wünscht sich jeder Mann eine attraktive Frau, mit der er sich sehen lassen kann, die ihn beim Heimkommen mit fröhlichem Lachen und frisch frisiertem Haar empfängt. Dem sind Grenzen gesetzt. Jeder vernünftige Mann weiß das und wird es akzeptieren, wie auch jede Frau die Unvollkommenheit des Partners hinnehmen sollte. Vor allem sollte sie ihn nicht, während er Hut und Mantel ablegt, mit all dem überfallen, worüber sie sich den ganzen Tag geärgert hat. Besser ist es, zu warten, und erst, nachdem er gegessen und seine Gedanken geordnet hat, über anstehende Probleme zu sprechen.

Ältere Paare sollten sich, wenn die Kinder erwachsen und aus dem Haus sind, nicht mehr mit Vati und Mutti ansprechen. Das Unterbewußtsein kann Gedankenassoziationen knüpfen und das Bild der eigenen Mutter, der Reinen, Unberührbaren, entstehen lassen und so zu Hemmungen führen. Der Gebrauch der Vornamen verjüngt und führt in längst vergangene Zeiten zurück.

Ein wesentlicher Faktor für die sexuelle Potenz ist das Selbstbewußtsein des Mannes, das seine Frau entscheidend mit aufzubauen und zu festigen vermag. Sie kann es auch zerstören. Sie kann ihn ganz klein machen vor ihr, vor sich und den anderen; etwa, wenn sie ständig an seiner beruflichen Erfolgslosigkeit herummäkelt, ihn vor anderen bloßstellt und gar seine geringe sexuelle Leistungsfähigkeit in der Öffentlichkeit preisgibt oder über die Kleinheit seiner Genitalien Witze macht. Sie kann ohne Skalpell kastrieren, mit Worten, Gesten und ihrem Verhalten.

Man sieht meist sehr rasch, ob ein Paar eine harmonische Ehe führt. Wenn sie ihn ohne sonderlichen Grund zornfunkelnd beschimpft, ihm ins Wort fällt, kritisiert, ist das ein sicheres Zeichen, daß er ihr im Bett nicht gerecht wird. Natürlich gilt das auch umgekehrt, wenn der Mann seine Frau in der Öffentlichkeit schlecht behandelt.

Es ist schwer vorstellbar, daß Menschen, die im Bett lieb und zärtlich zueinander sind, sich auf längere Zeit gram sein können. Im Bett liegt das Verbindende, das Ausgleichende, das die Unzulänglichkeiten des Alltags leichter vergessen läßt. Ich weiß, es gibt Menschen, die sich spinnefeind sein können bis hin zu Tätlichkeiten und doch im nächsten Augenblick ins Bett springen und in einem Liebesrausch allen Zank vergessen.

In der Möglichkeit, sich immer wieder versöhnen zu können, besteht für sie der Reiz. Allerdings liegt im ekstatischen Rausch die Gefahr, zu viel an Spannungen abzubauen und in ein Gefühlsdefizit zu geraten, was immer wieder Anlaß zu neuerlichen Aggressionen sein kann, die eines Tages die letzte Bindung zerstören. Von nicht zu unterschätzender Bedeutung wird im Alter die Hygiene. Dies gilt besonders für Gebißträger, die auf das Küssen mit offenem Mund nicht verzichten wollen. Takt und Verständnis sind, wenn kein empfindlicher Einschnitt entstehen soll, von beiden Seiten erforderlich.

Was kann eine Frau im Bett dazu beitragen, damit bei der körperlichen Vereinigung beide ein Höchstmaß an Beglückung zu erreichen?
Vielleicht sollte sie das Licht im Schlafzimmer ein wenig dämpfen. Das vertuscht kleine, altersbedingte Schwächen. Männer sind dankbar, wenn sie gekonnt auf harmlose Art ein wenig hinters Licht geführt werden. Sie sollte bedenken, daß sexuelles Verlangen bei einem Mann im vorgeschrittenen Alter nicht mehr einfach aus der Füllung der Samenampullen und der Hormonproduktion erwächst. Es entsteht vielmehr, abgesehen von der Macht der Gewohnheit, oft erst aus kleinen Zärtlichkeiten. Nicht warten, bis der Mann aktiv wird, auch einmal die Initiative übernehmen, wenn einem danach zumute ist. Der Mann wird es dankbar registrieren.

Zwei Mängel im Genitalbereich einer Frau können einem älteren Paar die Freude am körperlichen Beisammensein mindern: wenn die Lubrikation, die Absonderung der Drüsen und Scheidenwände, die für die Gleitfähigkeit beim Geschlechtsakt sorgt, bedingt durch verminderte Hormonproduktion im Alter nachläßt, und wenn die Scheidenwände erschlaffen. Beide Faktoren sind entscheidend für den Liebesgenuß. Sie können die Potenz des Mannes wesentlich beeinträchtigen. Doch es gibt einfache Abhilfen.
Beginnen wir mit der Lubrikation, die in der Erregungsphase durch das Sekret der Bartholinschen Drüsen eingeleitet wird. Diese münden an den Innenflächen der kleinen Schamlippen am Scheideneingang und liefern wenige Tropfen, die den Vorhof gleitfähig machen.

Die Befeuchtung tritt in jungen Jahren wenige Sekunden nach Beginn der Stimulation ein, im Alter erst nach länger anhaltendem Reiz. Reicht jedoch die hervortretende Menge für einen befriedigenden Akt nicht aus, leistet notfalls Babyöl Abhilfe. Bei stark erschlaffter Vagina mindert es allerdings den Reiz, da es die Scheidenwand zu sehr glättet. Es läuft einfach alles wie geschmiert. Dem gegenüber haben natürliche und künstliche Gleitmittel eine ganz spezifische Konsistenz. Die genau abgestimmte Klebkraft führt zu einer gewissen Verzögerung des Gleitens. Sie hält die feinen Vorhautfältchen sacht fest, was beim langsamen Gleiten ein besonderer Reiz ist. Der erforderlichen Konsistenz kommt in jedem Fall Speichel näher.
Ohne genügende Schmierung kann der Verkehr für beide Partner eine Qual werden. Für den Mann liegt dann der einzige Reiz in der trockenen Reibung, die zwar auch zum erhofften Ergebnis führen kann, aber weit weniger angenehm ist und bei beiden zu kleinen Verletzungen führen kann.

Das zweite Problem, die Erschlaffung der Vaginalröhre, ist bei konsequenter Anwendung der Kegel-Übungen in den meisten Fällen problemlos zu lösen. In Extremfällen kann durch eine Operation das Scheidenrohr verengt werden.

Eine andere wichtige Frage ist im Alter die Wahl der wirkungsvollsten Position. Dieses Problem wurde in einem speziellen Kapitel behandelt. Auf Schwierigkeiten, die sich für den Geschlechtsverkehr durch Krankheiten und Behinderungen ergeben, werde ich in einem folgenden Kapitel eingehen.

Gemeinsam zum Erfolg

Was können Mann und Frau gemeinsam tun, um möglichst lange Freude am körperlichen Beisammensein zu haben? Das einzig wahrhaft und auf Dauer wirksame, dazu noch natürliche Anregungsmittel ist Regelmäßigkeit. Sie garantiert, bis ins achte Lebensjahrzehnt sexuell aktiv sein zu können.
Wenn ein älterer Mensch nicht regelmäßig stimuliert wird, schwindet erst die Reaktionsfähigkeit und schließlich das Interesse an geschlechtlicher Betätigung. Die Potenz ist keine Selbstverständlichkeit, sondern ein großes Geschenk, für dessen Erhalt man einiges tun muß. Ihr Verlust kann, wenn er zu früh erfolgt, einen Mann völlig verändern; er wird ruhelos, reizbar und gehemmt. Jeder Versuch, durch Abwechslung oder Partnertausch die sexuellen Fähigkeiten neu zu beleben, hilft meist nur kurze Zeit; die Leere nachher ist umso schmerzlicher.

Es lohnt sich immer, bei ernsthaften und länger anhaltenden, durch die körperliche und seelische Verfassung nicht begründeten Schwierigkeiten gemeinsam eine Lösung zu suchen. Wenn sich beide Partner ehrlich bemühen, werden sie zum Erfolg kommen.
Das Schlafzimmer sollte vor allem warm sein. Wenn an allen Ecken die Kälte unters Deckbett kriecht und ein Partner beschäftigt ist, die Luftlöcher zu schließen, ist die Konzentration dahin, und diese ist im Alter das A und O eines beglückenden Aktes. Hat der Mann Schwierigkeiten, die Erektion aufrechtzuerhalten, sollten beide Partner keine Schlafanzughosen tragen, die erst umständlich ausgezogen werden müssen. Natürlich sollten keine Probleme mit ins Bett genommen, keine Gespräche über Nebensächlichkeiten geführt werden, wenn man vorhat, zärtlich zu sein.
Und dann unverkrampft ans Werk gehen, die Zärtlichkeiten nicht gleich zielgerichtet, erst wenn sich Reaktionen zeigen, konsequenter vorgehen. Die Partner sollten sich klar sein, welche Art der Stimulation besonders gut ankommt. Nichts erregt mehr, als die Erregung des anderen zu sehen, zu fühlen oder zu hören. Es hat keinen Sinn, stundenlang aneinander herumzufummeln, wenn sich keine Reaktion zeigt; das wirkt eher depremierend.

Stellt sich nach angemessener Zeit kein Erfolg ein, lieber beizeiten abbrechen. Auch hier wie absichtslos, ohne ein Zeichen von Mißfallen oder Enttäuschung erkennen zu lassen. Man kann es ja zu einem günstigeren Zeitpunkt aufs neue versuchen. Dazu bieten sich vor allem entspannte Phasen wie der Urlaub oder das Wochenende an, falls die Partner noch berufstätig sind.

Wenn nichts hilft, kann die morgendliche Gliedsteife, so sie noch eintritt, ausgenutzt werden. Reicht die Erektion nicht aus, kann man den Penis mit den Fingern stützen und einführen; nötigenfalls etwas Vaseline oder Speichel auftragen. Ein Risiko ist es, bei extrem erschlaffter Vagina den Penis zu früh einzuführen. Hier empfiehlt sich immer, erst die Vaginalwände mit den Kegel-Übungen zu kräftigen. Auch die Erektionsfähigkeit des Penis kann durch entsprechende Übungen gestärkt werden, worüber im folgenden noch gesprochen wird.

Viel effektiver als die übliche Stimulation des Penis durch Vor- und Zurückbewegen der Vorhaut kann das gefühlvolle Kneten der blanken Eichel mit der Hand sein. Benutzen Sie dazu eine geeignete Flüssigkeit oder Creme, um eine Verletzung der empfindlichen Haut zu vermeiden. Ähnlich wirkt sanftes Massieren beiderseits der Vorhautwurzel unmittelbar hinter der Eichel.

Bei schwacher Scheidenmuskulatur kann die Frau den Reiz erhöhen, wenn sie ein Kissen unter den Po schiebt oder eine Hand trichterförmig vor ihre Scheide hält, um den sich bewegenden Penis mit leichtem Druck zu umfangen.

Besondere Bedeutung kommt im Alter dem Rhythmus der Beckenstöße zu. Bei zu schnellen Bewegungen entsteht bei geringer Scheidenspannung oft kein Reiz. Wenig elastische Scheidenwände haben nicht genügend Zeit, sich zu schließen und Kontakt zu halten. Viel ergiebiger sind ganz langsame, gefühlsbetonte und weite Bewegungen.

Ziehen Sie den Penis ganz langsam aus der Scheide, bis der Eichelwulst den Scheideneingang passiert hat, und führen Sie ihn genau so langsam und gefühlvoll wieder ein. Sie können, wenn die Endphase sich abzeichnet und der Penis die volle Erektion erreicht hat, je nach Lust in einen schnelleren Rhythmus übergehen, aber nicht früher. So gelingt ohne Schwierigkeiten ein Orgasmus, selbst wenn der Penis beim Einführen in die Vagina noch nicht voll eregiert ist. Für Mann und Frau ist diese Art des Geschlechtsverkehrs von außerordentlichem Reiz.

Äußerst wichtig ist es, sofern Potenzprobleme bestehen, sich von jedem zeitlichen Druck zu befreien. Möglicherweise bevorzugen Sie für Ihr intimes Beisammensein bestimmte Tage der Woche oder einen gewissen zeitlichen Abstand. Naht die gewohnte Stunde, fühlt sich der Mann unter einem gewissen Zwang, weil er meint, seine Frau erwarte oder rechne damit, daß er zu ihr kommt. Erwartungsdruck ist ein wesentlicher Verunsicherungsfaktor. Der Mann sucht sich gewaltsam in Stimmung zu versetzen, was meist schiefgeht. Am nächsten Tag ist alles noch schlimmer. Er zögert, obwohl vielleicht eine Erektion sich andeutet, und läßt den günstigen Augenblick verstreichen, weil er der Sache nicht traut. Wenn er eine ausreichende Erektion ausnützt, geht alles gut, sofern sich nicht Angst vor dem Versagen in den Vordergrund drängt.

Probiert er es bei ungenügender Voraussetzung, und es führt zu keinem befriedigenden Ergebnis, wächst die Verunsicherung weiter und damit die Angst vor dem nächstenmal. Damit ist eine fatale Entwicklung in Gang gekommen. Ausgehend von einem bedeutungslosen Fehlstart, kann es zur totalen Verunsicherung und schließlich zum Ende der körperlichen Beziehungen kommen. Ich bin überzeugt, daß bei vielen Paaren aus diesem oder ähnlich harmlosem Grund die körperliche Liebe unnötigerweise zu Grabe getragen wird.

Vermeiden Sie es deshalb, bei einer bereits eingetretenen Verunsicherung für Ihre Liebesstunden bestimmte Tageszeiten festzulegen. Lassen Sie, sofern Sie im Ruhestand sind und über Ihre Zeit verfügen können, dem freien Spiel der Kräfte seinen Lauf. Nutzen Sie ungezwungen und in freudiger Erwartung des Kommenden die Gunst des Augenblicks, wann immer er sich bietet, und Sie werden ans Ziel kommen!

Wichtig ist der erste Erfolg

Hat es schon lange nicht mehr geklappt, ist nichts so wichtig wie ein erster Erfolg. Stellt er sich trotz aller Bemühungen von beiden Seiten nicht ein, und legt wenigstens ein Partner Wert auf die Aufrechterhaltung der körperlichen Beziehungen, sollte ein Arzt zu Rate gezogen werden. Liegt die Ursache des Versagens in einer Durchblutungsstörung im Beckenbereich, wird der Arzt vielleicht eine problemlose physikalische Therapie empfehlen. Heiße Sitzbäder, Heizkissen und Rückenmassagen können hilfreich sein. Ob Vitamin E-Gaben unmittelbar die Potenz steigern, ist zweifelhaft. Ein ausgeglichener Vitaminhaushalt ist aber für das Gesamtbefinden von großer Bedeutung und damit indirekt auch für die Liebesbereitschaft.

Läßt die nächtliche Gliedsteife nach oder bleibt sie weg, kann es sich um einen Mangel an Sexualhormon handeln, der im Urin nachweisbar ist. Eine medikamentöse Behandlung kann sinnvoll sein, wenn ein Mangel an Testosteron festgestellt wird. Eine oder zwei Spritzen pro Woche genügen meist; die Behandlung muß eventuell in Kombination mit anderen Hormonen und Vitaminen über mehrere Wochen fortgesetzt werden. Das Hormon kann auch in Form kleiner Tabletten unter die Zunge gelegt werden; neuerdings wird es auch als Depot unter die Bauchdecke implantiert. Ob diese Behandlung direkt die Potenz steigert oder indirekt über eine Anhebung des Gesamtbefindens, ist ungeklärt und im Erfolgsfall ohne Bedeutung. Tatsache ist, daß Hormonmangel selten die Ursache ist für ein sexuelles Versagen.

Ein seit langem bekanntes Aphrosiadikum ist Yohimbim. Es wird aus der Rinde des westafrikanischen Baumes Corynanthe Yohimbe gewonnen und bewirkt eine Erweiterung der Blutgefäße der inneren und äußeren Sexualorgane. Außerdem steigert es die Erregbarkeit spinaler Zentren, die für die Sexualorgane zuständig sind. Überdosis kann zu Schweißausbrüchen, Schwindel, Herzklopfen und Blutdrucksenkung führen. Mit äußerster Vorsicht wird vom Arzt auch Strychnin verordnet, das über das Rückenmark wirkt.

Weckamine, die süchtig machen, bewirken eine zentrale Anregung und können den Trieb wesentlich steigern. Sie werden besonders Männern mit zu niedrigem Blutdruck verordnet. Für anorgastische Männer werden Vibrationsgeräte empfohlen, die auch bei Frauen wirksam sind.

Die heutige Medizin macht vieles möglich. Chirurgisch eingebrachte Implantate führen durch raffinierte Mechanismen zu einer künstlichen Versteifung des Gliedes, wodurch auch in hoffnungslosen Fällen die Beiwohnung ermöglicht wird. Sind psychische Ursachen schuld an der Impotenz des Mannes, kann oft nur der Psychoanalytiker helfen. Findet ein Mann endlich den Mut, diesen Weg zu gehen, glaubt er meist an die Einmaligkeit seines Problems. Nachdem er zunächst schamhaft versucht hat, sein Anliegen als das seines Freundes zu kaschieren, erfährt er staunend, daß die Warteräume der Seelendoktoren zum überwiegenden Teil voll sind mit Menschen, die Probleme mit ihrer Sexualität haben.

Die Erfolge der Psychoanalyse in den zwanziger Jahren unter Sigmund Freud beruhten auf einzelnen, extrem liegenden Krankheitsgeschichten, deren Verallgemeinerung freilich scheiterte und dem Durchschnittsbürger keine Hilfe brachte. Im Gegenteil, es verwirrte ihn eher, sich auf die Couch legen zu müssen. In manchen Fällen ist aber die Psychotherapie wohl die einzige Hilfe.

Wundermittel und allerlei Zauber

Die Volksmedizin befaßt sich schon seit Urzeiten mit der Potenz der Männer und bietet eine Unzahl von mehr oder weniger wirkungslosen Mitteln an. Wie viele Medikamente können auch viele dieser Mittel durch Placebos ersetzt werden. Aber der Glaube vermag Berge zu versetzen, denn er schafft vor allem Selbstvertrauen, und dies erzeugt jenes Gefühl der Sicherheit, das den meisten Potenzgestörten fehlt.

Unsere Altvorderen schworen auf Zwiebel, Fisch, Honig und Spargel. Luxuspreise wurden für Austern und Kaviar bezahlt. Manches wurde allein wegen seiner phallischen Form für potenzsteigernd gehalten, vieles aus völlig unerfindlichen Gründen. Es gibt Männer, die ihren Erfolg darauf zurückführen, jeden Morgen zwei rohe Eier auszutrinken, andere schwören auf Sellerie oder Haferflocken. Noch immer ist die Nachfrage nach Spanischen Fliegen groß.

Scharlatane bieten immer wieder neue Wundermittel an zur Hebung der Manneskraft. Horrende Preise wurden früher bezahlt für Gamskugeln, sogenannte Bezoarsteine, die aus dem Magen von Gemsen stammen und aus mit Harz verklebten Pflanzenfasern und Haaren bestehen. Die Nashörner wurden beinahe ausgerottet, weil man dem Pulver aus ihren zerriebenen Hörnern eine potenzsteigernde Kraft zusprach. Noch heute werden im Fernen Osten unglaubliche Preise für dieses Pulver bezahlt.

Noch absurdere Wege ging man im Altertum. König David wurde geraten, zur Steigerung seiner Manneskraft den Odem junger Mädchen einzuatmen. Die alten Syrer und Hebräer badeten im Blut junger Mädchen und Männer und tranken es. Römische Aristokraten stürmten in die Arena und saugten das Blut getöteter Gladiatoren. Die Dirnen im Alten Rom sammelten sich nach den Kampfspielen in der Nähe der Arena, weil die Männer, aufgegeilt durch blutrünstige Kämpfe, besonders liebesbedürftig waren.

Mit zunehmendem Alter müssen die sexuellen Beziehungen von der Befriedigung einer heftigen Begierde mehr und mehr zu einem Gefühl geistig-seelischer Verbundenheit reifen. Nicht der Genuß sollte das Ziel sein, sondern die Verschmelzung der Körper, das beglückende Empfinden, eins zu sein mit dem geliebten Menschen. Dazu bedarf es vieler Voraussetzungen, der Liebe vor allem, aber auch des gegenseitigen Verstehens, Achtens, der Rücksichtnahme. Und es bedarf der Zärtlichkeit.
Es wäre traurig, wäre ein harmonisches Zusammenleben an körperliche Liebe gebunden. Denn einmal ist es für jeden vorbei, und auch dann ist auf kameradschaftlicher, geistig-seelischer Basis ein beglückendes Zusammenleben möglich. Freilich, solange wenigstens ein Partner Gewinn hat am Geschlechtsverkehr, sollte er beibehalten und die Fähigkeit dazu gepflegt werden; vorausgesetzt, er ist dem Partner zuzumuten. Der Liebesakt ist wie nichts sonst in der Lage, das Zusammenleben zu verschönern und zu erleichtern.

Die Kegel-Übungen für den Mann

Ein gutes und sehr wirkungsvolles Training zur Steigerung der Erektionsfähigkeit ist die Anwendung der Kegel-Übungen durch den Mann. Ähnlich wie bei den Frauen ist bei Männern eine Stärkung des Muskels, mit dem man bewußt den Urinstrom unterbrechen kann, von entscheidender Bedeutung. Probieren Sie es beim Wasserlassen, es entsteht ein Zucken im Glied, das sich dabei leicht verkürzt. Sie können problemlos diesen Muskel, auch ohne Wasser zu lassen, im Sitzen oder Liegen kontrahieren.

Beginnen Sie vor dem Aufstehen, auf der Seite oder dem Rücken liegend; es geht selbst beim Stehen, nur müssen die Pobacken und die Oberschenkel unbeteiligt bleiben. Sie sollten sich völlig konzentrieren, gleichsam nach innen horchen, sonst klappt es nicht. Ziehen Sie die Kontraktionen möglichst lang durch, damit sie sich, von der Peniswurzel ausgehend, durch den ganzen Schaft bis hoch zur Eichel fortsetzen. Wenn Sie die Finger auf die Peniswurzel legen, fühlen Sie deutlich das Zusammenziehen der Muskulatur, das zur Spitze hin abflacht.

Wenn Sie dieses Muskeltraining früh, mittags und abends regelmäßig absolvieren, mit hundert Kontraktionen beginnen und auf dreihundert je Übung steigern, werden Sie vielleicht schon nach vier Wochen einen Erfolg merken. Halten Sie wenigstens zwei Monate durch. Im Bedarfsfall können Sie ja die Übungen jederzeit wieder aufnehmen. Wirkungsvoll kann es auch sein, kurz vor Aufnahme der Zärtlichkeiten ein paar Kontraktionen zu absolvieren.

Man kann die Wirkung der Übungen in einer zweiten Phase verstärken, indem man, auf dem Rücken liegend, mit der flachen Hand gegen die Peniswurzel preßt, um den Muskelkontraktionen Widerstand entgegenzusetzen.

Durch diese Übungen kommt es vor allem zu einer Kräftigung des Muskels und zu einer verstärkten Durchblutung der Beckengegend, was zu einer besseren Erektionsfähigkeit führt. Darüber hinaus wird man durch die bewußten Kontraktionen zu einer stärkeren Fixierung auf den Genitalbereich gezwungen. Dies führt zu einer verbesserten Konzentration auf den Sexualapparat und erleichtert den Orgasmus. Bei jüngeren Männern wird innerhalb weniger Monate auch die Ejakulation heftiger; die Samenflüssigkeit, die vielleicht nur noch zögernd aus der Harnröhre floß, wird wieder mit mehr Kraft ausgeschleudert.

Selbstbefriedigung

Onan, der dritte Sohn des Juda, sollte, wie es das jüdische Gesetz vorschrieb, Thamar, die Witwe seines Bruders Her, heiraten. Anstatt Thamar zu schwängern, ließ er seinen Samen auf die Erde fallen. Onan wurde dadurch unfreiwillig zum Namensgeber der Selbstbefriedigung. Ob sein Verhalten im Sinn von Selbstbefriedigung zu verstehen ist, oder ob er den Beischlaf nur unterbrach, geht aus der Bibelstelle nicht hervor. Geschrieben steht lediglich, daß er verflucht wurde und alsbald starb.

Mit Onanie wird die Selbstbefriedigung an sich bezeichnet, während Masturbation auch die Befriedigung von fremder Hand meint. Masturbation kommt von manu (lateinisch für Hand) und stuprare (schänden). Masturbieren heißt also etwas mit der Hand schänden, was zu anderem Zwecke geschaffen ist. Die beiden, klar abzugrenzenden Begriffe werden nicht immer in ihrer ursprünglichen Bedeutung gebraucht. Mit Masturbation wird häufig die Selbstbefriedigung an sich bezeichnet, die aber auch auf andere Art als von Hand erfolgen kann.

Im Mittelalter war für die katholische Kirche die Selbstbefriedigung eine noch größere Sünde als die „Unzucht", der Geschlechtsverkehr also. Lange Zeit glaubte man, übermäßige Onanie führe zu geistigem und körperlichem Verfall. 1758 schrieb der Franzose Tissot, alle Leiden, vom Krebs bis hin zur Furunkulose, kämen von der Autoerotik. Er war überzeugt, daß sie zum Wahnsinn führen könne. Noch in den neunziger Jahren des vorigen Jahrhunderts wurde Tissot zitiert. Wenn Selbstbefriedigung bei Geisteskranken häufiger anzutreffen ist, dann ist dies wohl die Folge mangelnder Selbstkontrolle und häufig das Fehlen einer natürlichen Entspannungsmöglichkeit, nie aber Ursache der Krankheit. Noch heute hindert Religiosität viele Menschen, sich selbst zu befriedigen.

Die angenehmen Gefühle, die in der Kindheit beim Spielen mit den eigenen Genitalien auftreten, gehen bei den jungen Männern in der Pubertät in die auf entspannenden Orgasmus zielende Masturbation über. Nach Alfred Kinsey haben 92 Prozent aller Männer in ihrer Jugend masturbiert. Sie begannen, in weit höherem Maße als die Mädchen, im Alter von 14, 15 Jahren.

Während Männer vorwiegend in frühem Alter onanieren und ihre autosexuellen Aktivitäten einschränken, sobald sie beim Partner Befriedigung finden, gehen viele Frauen den umgekehrten Weg, weil sie beim Sexualverkehr wohl stimuliert, häufig aber nicht befriedigt werden.

Bei einer Untersuchung von Dr. Katharine B. Davis im Jahre 1929 gaben 65 Prozent der zweitausend befragten Collegeabsolventinnen an, zu masturbieren. Die Masturbation nimmt bei den Frauen nach dem 25. Lebensjahr zu und bleibt bis zum Alter von etwa sechzig Jahren konstant bei einer Frequenz von ein- bis zweimal im Monat. Der Grund für die spätere Entdeckung und den zögernden Gebrauch der Selbstbefriedigung liegt wahrscheinlich darin, daß Frauen erst mit zunehmender Erfahrung ihre Hemmungen ablegen. Vielleicht beginnen manche mit der Selbstbefriedigung erst, nachdem sie die Hoffnung aufgegeben haben, von einem Mann befriedigt zu werden.

Zwischen 1972 und 1976 verschickte die New Yorker Sexualforscherin Shere Hite 120.000 Fragebögen. Die Auswertung ergab, daß nur knapp dreißig Prozent der Frauen beim Geschlechtsverkehr zum Orgasmus kommen, doch 95 Prozent der Frauen, die onanierten, problemlos den Höhepunkt erreichten. Da die Befragung anonym erfolgte, waren die Antworten wohl etwas ehrlicher als bei namentlichen Aktionen.

Während die meisten Männer sich wegen des ungleich stärkeren Dranges zur Entspannung ungenierter und fast zwangsweise der Selbstbefriedigung bedienen, erscheint sie vielen Frauen noch immer als schmutzig oder unwürdig; es besteht eine deutliche Korrelation zur Religiosität. Viele Frauen masturbieren, um sich selbst ihre Unabhängigkeit zu beweisen und um nicht in Abhängigkeit von einem Mann zu geraten.
Margaret Nead behauptet, die Masturbation beeinträchtige die Orgasmusfähigkeit der Frau, während Masters und Johnson zur Überzeugung gelangten, daß sie die Voraussetzung ist für das Erlernen einer reifen sexuellen Reaktion. Sigmund Freud nannte es absurd, eine solch harmlose und weit verbreitete Praktik wie die Masturbation zu verbieten.

Eine entspannende Selbstbefriedigung ist die beste Übung für sexuelle Selbstwahrnehmung. Sie wird deshalb therapeutisch zur Behandlung von Orgasmusschwierigkeiten angewendet. Bei der Masturbation kann man am besten die eigene Reaktion erforschen, ohne Rücksicht auf die Ermüdung eines Partners die reizempfindlichsten Stellen stimulieren und sich dabei voll auf seine eigenen Empfindungen konzentrieren.
Durch eine falsche Erziehung kann es zum Gefühl der Peinlichkeit und zu einem schlechten Gewissen kommen, so, als betrüge man den Partner und begehe eine Sünde. Doch ist Selbstbefriedigung gerade für gehemmte Menschen ein Weg, aus sich herauszugehen, seine Empfindungen voll auszuleben und zu verstärken. Man tut Ungewohntes, windet sich ungeniert, führt reibende Bewegungen aus, stöhnt, schreit oder spricht Worte aus, die man sonst nicht über die Lippen bringen würde.

Ich hoffe, Sie haben aus dem bisher Gesagten nicht den Eindruck gewonnen, ich möchte Sie zur Selbstbefriedigung animieren oder diese gar an die Stelle der Partnerliebe setzen. Ich muß wohl die Dinge ein wenig relativieren, um jeden Verdacht auszuräumen. Sexuelle Selbstbefriedigung ist immer sinnvoll und zu empfehlen, wenn ein Mensch keinen anderen Weg hat, seine sexuellen Spannungen abzubauen, und auch wenn sie dazu dient, das Erreichen des Orgasmus durch einen Partner zu erlernen oder zu erleichtern. Nur in diesen Fällen ist sie ein Gewinn.

Es ist ein himmelhoher Unterschied, ob ich einen Orgasmus durch eigene Hand oder mit einem Partner erlebe! Die Selbstbefriedigung bringt Entspannung, doch nie Beglückung! Sie läßt einem das Alleinsein hinterher und die Sehnsucht nach einem Partner doppelt stark fühlen. Bei zu häufiger Selbstbefriedigung gerät man leicht in ein seelisches Tief, weil die wärmende, aufbauende Nähe und die Zärtlichkeit eines geliebten Menschen fehlen. Selbstbefriedigung ist deshalb nur ein Notbehelf, aber einer, dessen man sich nicht zu schämen braucht. Und sie ist für alleinstehende Menschen ein legitimer Weg, ihr seelisches Gleichgewicht zu erhalten.

Während es für Männer kaum schwierig ist, sich zum Höhepunkt zu bringen, müssen viele Frauen, die gehemmt sind, diese Praxis erst erlernen. Wenn Sie erst jetzt (vielleicht durch Partnerverlust) in die Situation kommen, sich dieses Notbehelfs zu bedienen, so verwenden Sie nicht die Fingerspitze. Stimulieren Sie sich mit dem ganzen Finger, ohne zunächst die winzige Klitoriseichel direkt zu berühren; die klitorale Zone vielmehr nur sanft streicheln, während die andere Hand die Schamlippen zurückzieht, damit die Haut gespannt wird. Natürlich ist auch hier Feuchtigkeit Voraussetzung für ein Wirksamwerden der Stimulation, und auch hier erfüllt Speichel notfalls diesen Zweck.

Zarte, halb drückende, halb vibrierende Berührungen, in Stärke und Dauer in etwa konstant, zum Ende sich steigernd, führen am ehesten zum Erfolg. Besondere Aufmerksamkeit sollten Sie dem G-Punkt widmen; vielleicht ist er eine entscheidende Hilfe, den Höhepunkt zu erreichen. Auch die Schleimhautzone am Damm spricht auf drückende und vibrierende Berührungen gut an.

In hartnäckigen Fällen gibt es Hilfsmittel. So können beispielsweise Vibrationsgeräte oft letzte Hilfe bringen, weshalb man sie bei Sexualtherapien einsetzt. Wirkungsvoller als Stäbe sind Massagegeräte zur Stimulation der Klitoris. Manche Frauen müssen sich bis zu einer Stunde damit stimulieren, ehe sie Erfolg spüren. Allgemein erfolgt jedoch der Reizaufbau durch Massagegeräte sehr rasch, manchmal innerhalb von Sekunden und weit schneller als beim Geschlechtsverkehr oder durch Masturbation, weshalb sie von Frauen bevorzugt werden. Übrigens sind Massagegeräte auch bei Männern hoch wirksam.

Eine andere Möglichkeit, auf angenehme Art zum Höhepunkt zu gelangen, besteht in der Anwendung von Wasser. Einen Wasserstrahl aus der Dusche oder einem Druckrohr mit der richtigen Temperatur und der richtigen Stärke auf die richtige Stelle gerichtet, führt bei Mann und Frau meist sehr rasch über ein starkes Gefühl zum Orgasmus.

Krankheit und Sexualität

Mit zunehmendem Alter stellen sich vermehrt Behinderungen und Krankheiten ein, die den Sexualverkehr erschweren, zur Qual werden lassen oder gar unmöglich machen. Dabei können die Ursachen sowohl psychischer als auch physischer Natur sein.

Bei ernsteren Beschwerden sollte man unbedingt einen Arzt des Vertrauens aufsuchen. Da jedoch bei vielen Hemmungen bestehen, über Probleme des Intimbereiches zu sprechen, sollen im folgenden einige grundsätzliche Bemerkungen gemacht werden, die in leichteren Fällen hilfreich sein können.

Alte Narben, die von einem Dammriß bei einer Geburt herrühren und unelastisch geworden sind, können Schmerzen verursachen. Ebenso schmerzhaft können Infektionen durch Bakterien, Trichomonaden oder Pilze sein; am unangenehmsten sind in die Scheide eingeschleppte, koliforme Organismen. Zu Schmerzen kann es bei einer Infektion der untere Harnwege kommen. Wenn das Vaginalepithel dünn geworden ist, kann es bei Beanspruchung beim Geschlechtsverkehr einreißen und zu Blutungen führen. In all diesen Fällen ist eine gezielte Behandlung durch den Arzt erforderlich.

Die Ablagerung von Smegma, einer talgartigen Schmiere, die aus abgestorbener Oberhaut besteht, kann unter der Vorhaut oder an der Klitoris eine chronische Reizung und ein Brennen verursachen. Tägliche Waschungen können dem vorbeugen, im akuten Fall hilft Puder.

In der Postmenopause produzieren die Eierstöcke hauptsächlich männliche Hormone, die mitverantwortlich sind für die Vermännlichung der Frauen; ihre Stimmen werden tiefer, im Gesicht und an den Beinen stellt sich Haarwuchs ein. Zur Verbesserung des körperlichen und des seelischen Gleichgewichtes und damit zur Aktivierung des sexuellen Begehrens und der Orgasmusfähigkeit sowie zur Behebung von Schmerzen beim Verkehr kann in den Wechseljahren eine ärztlich kontrollierte Hormonbehandlung von Nutzen sein.

Durchblutungsstörungen im Beckenbereich können zu mangelnder Erektion und zu Impotenz führen. Gelegentlich kann eine Wiederherstellung der Blutstrombahn im inneren Beckenschlagaderbereich erforderlich werden. Vor einer Operation sollten jedoch gefäßerweiternde Mittel eingesetzt werden. Leistenbrüche, selbst wenn sie im Anfangsstadium sind, können die Durchblutung behindern und damit zur Erektionsschwäche führen. Bei älteren Männern kann die Elastizität der sogenannten Ebner-Kissen nachgelassen haben, die bei Erregung erschlaffen, damit sich der Blutstrom zu den Schwellkörpern verstärken kann.

Die Prostata, die Vorsteherdrüse, ist ein walnußgroßes, von Muskelfasern durchsetztes Gebilde, das den Anfang der männlichen Harnröhre umgibt. Die Prostata sondert ein milchiges, alkalisches Sekret ab, das bei der Ejakulation dem Samen beigemischt wird. Bei den meisten älteren Männern vergrößert sich diese Drüse, so daß ein Adenom, eine gutartige Geschwulst, entsteht, die medikamentös behandelt oder, soweit sie erst im Ansatz ist, mittels Mikrowellen verschmort werden kann. Ältere Männer sollten daher einmal im Jahr ihre Prostata untersuchen lassen, vor allem, um rechtzeitig zu erkennen, ob sich ein Karzinom, eine bösartige Geschwulst, entwickelt.

Etwa zehn Prozent der Männer über Vierzig müssen sich einer Operation an der Vorsteherdrüse unterziehen. Im allgemeinen bleibt die Fähigkeit zum Geschlechtsverkehr erhalten. Gelegentlich kann sich die Prostata entzünden, was zu Schmerzen im Genitalbereich und zu vorzeitigem Samenerguß führen kann. Diese Infektionen werden vor allem begünstigt durch Alkoholmißbrauch, Kälte und Nässe.

Bei einer chronischen Nierenerkrankung leiden die Patienten meist an einer Störung ihres Sexuallebens. Männer klagen über Libidoverlust und mangelnde Potenz. Auch bei Frauen wird die sexuelle Erlebnisfähigkeit eingeschränkt; ihr Libidoverlust ist häufig noch größer als bei Männern, bei denen allerdings oft eine Angst vor dem Versagen zu Schwierigkeiten mit der Potenz führen kann.

Bei Operationen im Mastdarmbereich kann es zur Verletzung von Nervensträngen kommen, die das Genitalsystem versorgen. Dies kann zu zeitweisem Verlust der Orgasmus- und Ejakulationsfähigkeit führen. Wenn nur eine teilweise Entfernung des Enddarms möglich ist, so daß wenigstens noch sechs Zentimeter verbleiben, kann meist auf einen künstlichen Darmausgang verzichtet werden; die sexuellen Funktionen bleiben erhalten. Bei Frauen können nach einer Unterleibsoperation Schmerzen beim Geschlechtsverkehr auftreten.

Wenn man einen künstlichen Darmausgang hat, ist normaler Geschlechtsverkehr möglich. Voraussetzung ist, daß der Stomaträger mit dem Umgang mit der Pelotte vertraut ist und die Sauberkeitsregeln peinlichst beachtet. Treten trotzdem Schwierigkeiten auf, sollte sich der Betroffene vertrauensvoll an seinen Arzt oder einen Psychotherapeuten wenden, sofern ihm oder dem Partner an der Fortsetzung der körperlichen Beziehungen gelegen ist. Zum Trost sei gesagt, daß es allein in Deutschland über hunderttausend Stomaträger gibt.

Eine halbe Million Frauen mußten sich in Deutschland wegen einer Krebserkrankung einer Brustoperation unterziehen. Brustamputierte leiden mitunter an einer erheblichen Minderung der Sexualität; sie verzichten entweder ganz auf den Verkehr oder haben kein Verlangen. Häufig klagen Brustamputierte über Depressionen, Angst und Minderung des Selbstwertgefühls. Bei gutartigen Tumoren in der Brust sind die Beeinträchtigungen wesentlich geringer.

Wenn sich eine Frau durch die Amputation in ihrer Weiblichkeit beeinträchtigt fühlt, sollte sie eine plastische Nachoperation erwägen. Extravertierte Frauen messen der

Brust mehr Bedeutung zu und sind deshalb im Falle einer Amputation in ihrer Sexualität stärker beeinträchtigt als introvertierte. Allerdings gehen Frauen, die ihre Brust höher bewerten, auch häufiger zur Vorsorgeuntersuchung, da sie durch den möglichen Verlust der Brust die Partnerschaft wesentlich stärker belastet sehen. In den seltensten Fällen werden beide Brüste amputiert, so daß meist eine als erogenes Objekt erhalten bleibt.

Eine tiefe Partnerschaft wird an einer Brustamputation nicht zerbrechen, sie sollte sich im Gegenteil noch weiter festigen im Bewußtsein um die Vergänglichkeit. Es kommt entscheidend auf den Partner an; sein Verständnis und sein Feingefühl geben den Ausschlag.

Häufig kommt es bei älteren Frauen zur Entfernung der Gebärmutter, was im allgemeinen weniger hart trifft als der Verlust der Brust, weil das Fehlen der Gebärmutter nicht sichtbar ist und sie ohnehin meist keine Funktion mehr hat. Ihre Entnahme verursacht nur in wenigen Fällen das Gefühl, nicht mehr vollwertig zu sein. Je höher die Schulbildung, desto geringer ist diese Befürchtung. Etwa ein Drittel der Frauen befürchtet Auswirkungen auf die Sexualität. Eine rechtzeitige Aufklärung durch den Arzt ist unbedingt erforderlich, selbst wenn die Patientin aus einer Hemmung heraus nicht fragt.

Die Angst vor einer Fortsetzung sexueller Betätigung nach einem Herzinfarkt ist meist in mangelnder oder unterbliebener Aufklärung begründet. Das gleiche gilt für Infarktgefährdete. Die Folgen sind Reizbarkeit, Angst und Spannungen, die sich wiederum ungünstig auf Herz und Kreislauf auswirken, was letzten Endes tatsächlich die Infarktgefahr vergrößern kann. Auch der Partner muß informiert werden. Er leidet oft mehr als der Betroffene unter Ängsten und befürchtet, es könne während des Verkehrs ein Reinfarkt eintreten.

Eine mangelnde Erektionsfähigkeit kann von dämpfenden oder blutdrucksenkenden Medikamenten herrühren. Angstgefühle können, da sie im allgemeinen automatisch den sexuellen Antrieb ausschalten, eine Erektion verhindern. Daher ist es wichtig, unbegründete Ängste zu zerstreuen. Sobald sie Treppensteigen können, im allgemeinen vier Monate nach einem Infarkt, ist ein Liebesakt wieder möglich. Dabei sollten Männer die untere Position einnehmen, die Frauen also den aktiven Part übernehmen; bei weiblichen Patienten ist es natürlich umgekehrt. Als Alternative ist der Verkehr in einer Seit-an-Seit-Position zu überlegen.

Gegen Masturbation bestehen keine Bedenken, vielmehr könnte sie als Vorstufe zur Wiederaufnahme genitaler Praktik dienen. Allmählich können dann die Patienten zu gewohnten Aktivitäten zurückkehren. Bei außerehelichen Abenteuern allerdings ist die Gefahr eines Reinfarktes größer, weil Schuldgefühle dem Partner gegenüber sowie Streß hinzukommen können. Vor allem sollten Infarktgefährdete nicht mit vollem Magen den Geschlechtsverkehr ausüben. Auf jeden Fall ist eine Rücksprache mit dem Arzt zu empfehlen.

Für an Angina pectoris Erkrankte gilt in psychologischer Hinsicht das gleiche wie für Infarktpatienten. Generell bestehen keine Bedenken, wenn Menschen mit Angina pectoris unter Anwendung von Betablockern Geschlechtsverkehr haben. Hochdruckpatienten sollten ein bis zwei Stunden vor dem Verkehr einen Betablocker nehmen. Wenn Zweifel bestehen, sollte in jedem Fall mit dem Arzt gesprochen werden.

Bei Schrittmacherträgern bestehen, sofern es die Leistungsfähigkeit des Herzens erlaubt, keine Bedenken gegen den Sexualverkehr. Das gleiche gilt für Hypertoniker, Asthmatiker, für Patienten nach Bypaßoperationen sowie nach einem Hirnschlag, wenn keine relevanten Lähmungen zurückgeblieben sind.

Diabetes, die Zuckerkrankheit, führt bei Männern häufig zu sexuellen Störungen. Neubauer errechnete, daß diabetische Männer 22 Mal häufiger von Erektionsstörungen betroffen sind als gesunde. Der Prozentsatz steigt mit zunehmendem Alter an. Ein Drittel der zuckerkranken Männer bleibt aus unerklärbaren Gründen erektionsfähig. Von den zuckerkranken Frauen berichtet etwa ein Drittel über Schmerzen beim Verkehr oder über Orgasmusunfähigkeit, manche klagen über mangelnde Lubrikation. Abhilfe kann die Behandlung mit Hormonen bringen; eventuell kann auch der Psychotherapeut helfen. Bei Frauen kann die Schmerzhaftigkeit infolge mangelnder Sekretabsonderung durch die Verwendung von Gleitgels behoben werden.

Nicht selten sind in der zweiten Lebenshälfte schmerzhafte Veränderungen an der Muskulatur und am Bewegungsapparat, die wir im weitesten Sinne als rheumatische Erkrankungen bezeichnen. Man unterscheidet drei Formen: den entzündlichen, den degenerativen und den Weichteil-Rheumatismus, der praktisch alle Körperteile einschließlich der inneren Organe schädigen kann. Die Erektionsfähigkeit und die Fähigkeit zu orgasmieren bleiben bei Mann und Frau meist erhalten. Ein Geschlechtsverkehr im üblichen Sinne ist oft nicht durchführbar, weil er Schmerzen verursacht oder weil die Beweglichkeit der Gelenke zu weit eingeschränkt ist. Allein die Furcht vor Schmerzen oder die Angst, dem Partner weh zu tun, können die Erektion und den Koitus verhindern; auftretende Schmerzen können zum vorzeitigen Abbruch zwingen. Oft verursacht schon das Küssen Schmerzen in der Halswirbelsäule oder am Kiefergelenk. Schmerzhafte Arthritits in den Händen verhindert das Streicheln und das Vorspiel; Schmerzen in den Armen und Schultern erschweren das Abstützen, Schmerzen in der Wirbelsäule behindern die rhythmischen Bewegungen.

Arthritisschmerzen treten meist nachts auf, darauf sollte sich der Partner einstellen. Da mehr Frauen als Männer an Polyarthritis erkranken, sollte der Mann den Schmerzrhythmus berücksichtigen, wenn er etwas von seiner Frau haben möchte. Es ist nun einmal so, daß Polyarthritikerinnen morgens und abends von

Schmerzen gequält, halbsteif und gereizt sind, während sie tagsüber mit ihren Freundinnen einen fröhlichen Einkaufsbummel machen können. In dieser Zeit sollte er also seine Chance suchen. Bedenken sollte er auch, daß die regelmäßige Einnahme von beruhigenden und entzündungshemmenden Mitteln die Libido herabsetzen. Gegebenenfalls ist ärztlicher Rat einzuholen.

Zu einem befriedigenden Verlauf der körperlichen Vereinigung sind Hilfsmittel wie Kissen, Unterlagen oder Schmerzmittel zu empfehlen. Man sollte versuchen, bei optimaler Position in möglichst kurzer Zeit zur Erfüllung zu kommen. Treten ernsthafte Schwierigkeiten auf, ist an ein Abgehen von der gewohnten Form zu denken und der Versuch zu machen, durch Masturbation, Petting oder oral-genitale Praxis zum Erfolg zu kommen.

Wer alle Möglichkeiten ausschöpft, kann eventuellen depressiven Stimmungen begegnen und schafft dem Partner, der ohnedies auf vieles verzichten muß, Lebensfreude. Das wird sich letzten Endes positiv auf das stark von seelischen Einflüssen abhängige Krankheitsbild auswirken. Werden durch die Erkrankungen schmerzhafte Muskelverspannungen hervorgerufen, sollte man es mit autogenem Training oder physikalisch-therapeutischen Maßnahmen versuchen. Die Scheidungsrate bei polyarthritiserkrankten Frauen ist dreimal so hoch wie im Durchschnitt. Die Krankheit tritt im allgemeinen in Schüben auf, dazwischen gibt es mehr oder weniger beschwerdefreie Phasen.

Nicht jede Querschnittslähmung führt beim Mann zwangsläufig zu unheilbarer Impotenz und bei der Frau zu Orgasmusschwierigkeiten. Aufklärung ist unbedingt erforderlich, um ein Versagen aus Angst zu vermeiden. Querschnittsgelähmte Frauen vermögen den Sexualverkehr ohne wesentliche Beeinträchtigung auszuüben, obwohl ihre Orgasmusfähigkeit infolge des Sensibilitätsverlustes meist gestört ist. Entscheidend für die Liebesfähigkeit des Mannes ist der Ort der Schädigung. Liegt sie im unteren Hals- oder Brustbereich, kann fast immer mit einer reflektorisch ausgelösten Erektion gerechnet werden, Berührungsreize rufen also eine Erektion hervor. Dauer und Intensität der Gliedversteifung allerdings sind unterschiedlich. Komplette Schäden im unteren Wirbelbereich haben meist eine dauernde Unfähigkeit zum Sexualverkehr zur Folge.

Querschnittsgelähmte sollten vor dem Beischlaf die Blase entleeren, damit es nicht zu peinlichen Vorfällen kommt. Bei weiblichen Patienten können durch die sexuellen Reize Muskelverkrampfungen auftreten, die die Fortsetzung des Beischlafes stören oder gar unmöglich machen. Hier kann autogenes Training helfen, das die Beckenmuskulatur entspannt. Falls eine Ausübung des Genitalverkehrs auf normalem Wege nicht möglich ist, sollten anderen Formen der sexuellen Begegnung erprobt werden. Früher als pervers bezeichnete Praktiken wie Fellatio oder Cunnilingus sollten keine grundlegenden Tabus mehr darstellen. Vom medizinisch-psychologischen wie vom ethischen Standpunkt aus betrachtet, bestehen keine

Bedenken. Wer also weder ästhetische noch religiöse Vorbehalte hat, sollte sich dieser Art von sexueller Befriedigung bedienen, um sich oder seinem Partner zu einem ungeheuren Gewinn an Lebensfreude zu verhelfen. Eventuell kann auch ein Elektrovibrator zu Hilfe genommen werden.

Frauen ist die Anwendung von Spasmolytika zu empfehlen, bei Männern führen sie zum Nachlassen der Erektionsfähigkeit. Wenn alles nicht hilft, sollte versucht werden, die libidinösen Triebe behutsam in geistig-künstlerische Tätigkeiten umzuleiten, die den natürlichen Anlagen des Behinderten entsprechen. Damit kann bis zu einem gewissen Grad eine Anhebung des Selbstwertgefühls und eine innere Zufriedenheit und Ausgeglichenheit erzielt werden, was eine Ersatzbefriedigung durch vermehrte Nahrungsaufnahme oder eine Flucht in Alkohol oder Drogen verhindert. Nach den Erfahrungen von Passlack sind Ehescheidungen bei Querschnittsgelähmten nicht häufiger als bei der übrigen Bevölkerung.

Die meisten Epileptiker können ein normales Geschlechtsleben führen. Manche fürchten jedoch, beim Verkehr einen Anfall zu erleiden, was ihr Interesse an der Sexualität stark mindert; sie wirken darum oft gereizt oder gehemmt, manche versuchen, ihre Behinderung hinter Arroganz und Unnahbarkeit zu verbergen. Der gesunde Partner sollte sich mit dem Problem umfassend vertraut machen und dem Kranken das Gefühl unbedinger Zuwendung geben, um mögliche Hemmschwellen zu beseitigen. Eine zu hohe Dosierung von Medikamenten, mit denen die meisten Kranken anfallfrei gehalten werden können, setzt den sexuellen Antrieb herab. Da effektive Erregungen, sexuelle Wünsche und Aggressionen bei Epileptikern einen Anfall auslösen können, kann eine Psychotherapie erforderlich sein.

Bei männlichen Patienten mit multipler Sklerose ist Impotenz das häufigste Syndrom. Im Anfangsstadiums des Leidens sind Erektionen möglich, jedoch oft nur durch genitale Manipulation. Bei Frauen bleibt häufig der Orgasmus aus, ihre Lubrikation ist mangelhaft. Die Sensibilität verändert sich bei beiden Geschlechtern, auch im Genitalbereich. Die Patienten haben ein taubes Gefühl und leiden unter Kribbeln oder „Ameisenlaufen". Körperliche Reize werden als Schmerzen empfunden, weshalb der Genitalverkehr von vielen gemieden wird. Oft haben Patienten Schmerzen in der Klitoris oder der Eichel, wenn der Orgasmus erfolgt. Die Libido ist insgesamt gering. Bei motorischen Störungen im Beckenbereich können die Muskeln trainiert werden.

Treten Schmerzen bei der körperlichen Vereinigung auf, kann man durch lokale Anwendung von Schmerzmitteln abhelfen. Wenn die Behinderungen nicht abnehmen und kein schmerzfreier normaler Verkehr mehr möglich ist, sollten auch hier andere Formen der sexuellen Begegnung erwogen werden, für die Männer im allgemeinen aufgeschlossener sind als Frauen. Im Anfangsstadium kann es zu einer vorübergehenden Steigerung der Libido kommen.

Die meisten Depressiven haben keinen sexuellen Antrieb oder stehen dem Geschlechtsverkehr ablehnend gegenüber. Bei Männern bleibt die Erektion aus, Frauen erdulden den Koitus ohne eigenen Gewinn oder gar Verlangen. Selten kommt es zu einer gesteigerten sexuellen Lust, manche Depressive befriedigen sich selbst, was sie noch depressiver machen kann. Durch Antidepressiva ist es möglich, die Libido wieder zu erwecken. Fast allen Depressiven ist die Sexualität aber ein Problem, über das sie nicht gerne reden.

Aus der Geschichte der Sexualität

Die Fähigkeit des Menschen, sich nahezu unbeschränkt sexuellen Genuß durch den Geschlechtsverkehr zu verschaffen, war und ist für geistige und religiöse Vordenker schwer einzuordnen. Die einen erhoben die Sexualität zur Gottheit, die anderen sahen in ihr das Böse schlechthin, das uns um die Wonnen des Paradieses gebracht hat und zu Höllenqual und Sterblichkeit führt.

Sokrates empfahl Enthaltsamkeit, um nicht zum Sklaven der Lust zu werden. Dante fand es unmöglich, daß ein Mann, der eine Frau tief liebt und verehrt, den Gedanken an einen Geschlechtsverkehr mit ihr hegen könne. Der Philosoph Otto Weinberger schreibt in „Geschlecht und Charakter", die Sexualität sei der Gegenpol der Liebe; Liebe und Lust schlössen einander aus. Der Apostel Paulus fand, es sei gut für den Mann, daß er kein Weib berühre, aber um der Hurerei willen habe ein jeglicher seine Frau und eine jegliche ihren Mann.

Bei den Lykiern benannten sich die Männer nach der Mutter, nicht nach dem Vater. Mit dem Eintritt der Menschen in die bekannte Geschichte erscheinen die Namen von Königinnen gleichrangig neben denen von Königen. Manchmal gab man wohl Frauen den Vorzug, weil man in ihnen ein Bindeglied zwischen Vorfahren und Nachkommen sah. Die Oberschicht leitete ihre Herkunft in der Regel von Göttern ab, die menschlich fühlten und handelten und für sich das Recht in Anspruch nahmen, mit den Menschen sexuelle Kontakte aufnehmen zu dürfen. Auch den weiblichen Gottheiten billigte man dieses Privileg zu, doch durften sie sich nicht mit dem Mann aus dem gemeinen Volk paaren. Zeugen und Empfangen war nicht das gleiche.

In Babylon überwog das männliche Element, obwohl es noch die Reste eines vorgeschichtlichen Matriarchats gab. Unter den Herrschern erschien als einzige Frau Semiramis, und sie ist wahrscheinlich Legende. Auch hier ist das Eherecht auf die wohlhabenden Klassen zugeschnitten; das niedere Volk lebte ohnedies monogam, und da es nichts zu vererben hatte, war der Familienstand Privatsache. Nur um die

Nachkommenschaft kümmerte sich der Staat; eine Frau, die abtrieb, wurde gepeitscht. Die Hauptsorge des Königs Hammurabis (1728 bis 1686 vor der Zeitenwende) galt der Erhaltung des Besitzes. War die Frau krank oder steril, konnte der Mann eine oder mehrere Konkubinen ins Haus holen. Blieb das Zusammenleben mit diesen kinderlos, durfte er eine zweite Frau heiraten, die jedoch der ersten untergeordnet war und dieser symbolisch die Füße waschen mußte. Verführte ein Mann ein unbescholtenes Mädchen, mußte er um ihre Hand anhalten, wenn er nicht seinen Kopf verlieren wollte. Das Mädchen bekam eine Mitgift, die einen Beitrag zu ihrem Unterhalt darstellte und ihr rechtliches Eigentum blieb, das sie, wenn sie verstoßen wurde, mitnehmen durfte. Eine einseitige Erklärung des Mannes löste die Ehe, mit Zustimmung des Gerichtes konnte er seine Frau jedoch als Sklavin im Hause behalten. Die Frau konnte sich, wenn ihr Mann seinen ehelichen Pflichten nicht nachkam, scheiden lassen; allerdings bedurfte sie der Zustimmung des Gerichtes. Die Untreue des Mannes blieb straffrei, die Frau wurde, wenn sie ihren Mann betrog, ins Wasser geworfen. Mit Zustimmung des Gerichtes konnten Ehefrau und Kinder einem Gläubiger als Pfand überlassen werden. Die Gesetzgeber von Babylon schufen ein Familienrecht, das in vielen Elementen zum Fundament der Gesetzgebung in der gesamten westlichen Welt wurde.

Bei den Assyrern wurde der untreuen Frau die Nase abgeschnitten, der untreue Mann wurde kastriert. Kupplern von verheirateten Frauen wurden die Ohren abgetrennt.

Der Inzest der ägyptischen Pharaonen ist wohl auf das religiöse Vorbild Isis und Osiris, das göttliche Geschwisterpaar, zurückzuführen. Vielfach regierten in Ägypten Frauen, zum Teil waren sie mächtiger als die männlichen Pharaonen. In einigen Dynastien wurde als Pharao nur anerkannt, wer aus einer Geschwisterehe hervorgegangen war. Nach ägyptischem Recht war der Mann der Besitzer des Familieneigentums, die Erbschaft fiel allerdings den Blutsverwandten der Frau zu.

Das Gesetz des Moses

Bei den Juden der vormosaischen Zeit waren Ehen zwischen Kindern desselben Vaters, nicht aber der gleichen Mutter, erlaubt. Im dritten Buch Moses wird jeder Geschlechtsverkehr zwischen Verwandten in Acht und Bann geschlagen.

Die Hebräer besaßen ein Gesetz, dem des Hammurabis vergleichbar; jedoch hatten die Männer mehr Macht, die Verfügungsgewalt über ihre Frauen war nahezu unbegrenzt. Ein Ehemann, der seine Frau loswerden wollte, stellte ohne behördliche Nachprüfung einen Scheidungsbrief aus. Bei allen Völkern der Antike galt die Scheidung als legal. Starb der ältere Bruder kinderlos, übernahm der jüngere die Witwe. Seine Söhne galten als legitime Nachkommen des verstorbenen Bruders. Das mosaische Gesetz verlangte von den Frauen Keuschheit, von den Männern nicht. Ein Mann konnte seine Frau zu ihrem Vater zurückschicken, wenn sie sich in der Hochzeitsnacht als nicht mehr jungfräulich erwies. Geriet eine Frau in den Verdacht der Untreue, mußte sie schmutziges Wasser trinken; schwoll ihr Bauch, war sie schuldig. Mehr als Schönheit und Keuschheit galt den Juden Intelligenz. Deborah, die blinde Seherin, hatte die höchste Funktion im altjüdischen Kult; Priesterinnen gab es im jüdischen Glauben nicht.

Die Beschneidung, die Kürzung der Vorhaut, kam aus Ägypten, wo jeder Unbeschnittene als Barbar galt. Die Juden empfanden es während ihrer Zeit in Ägypten als peinlich, unbeschnitten zu sein; auch Moses war unbeschnitten. Augustinus meint, die Beschneidung sei eine Entsühnung für den Menschen, der schuldbeladen zur Welt komme. Sicher ist sie ein Akt der Hygiene, vor allem in den warmen Ländern.

Nach einer Geschlechtskrankheitenseuche in Shittim, die alle heiratsfähigen Frauen zum Beischlaf unfähig machte, erließ Moses ein Gesetz, nach dem Mädchen bereits mit drei Jahren heiraten durften. Die Kinder Israels sollten sich, dem Gebot Jahves entsprechend, vermehren. Künstliche Verhütung und die Unterbrechung einer Schwangerschaft waren verboten. Streng gläubige Juden hielten sich zu Christi Zeiten noch an das Gebot, was zu Überbevölkerung führte und zur Auswanderung zwang. Schon damals lebten außerhalb Palästinas mehr Juden als im Lande selbst.
Je strenger das Familienrecht wurde, desto stärker wuchs der Drang der Männer nach einer Freizone. Um die Tugend der Frauen nicht antasten zu müssen und den Männern Gelegenheit zu geben, ihre Spannungen abzubauen und gleichzeitig sexuelle Erfahrungen zu sammeln, die man von ihnen in der Ehe erwartete, wurde vor vielen tausend Jahren die Dirne erfunden. Sie sei, sagt Schopenhauer, das Menschenopfer auf dem Altar der Monogamie.

Von Prostitution und Knabenliebe

In historischer Zeit war die Prostitution bereits in voller Blüte. Im dritten Jahrtausend vor Christus war sie im Orient an die Tempel gebunden, die daraus ihre Einkünfte bezogen. Prostituierte beiderlei Geschlechts fungierten als Gottesdiener. Das älteste Tempelbordell existierte in der Stadt Uruk im Heiligtum des Gottes Anu. Die Prostituierten waren dem Kult der Isthar, der wollüstigen Tochter des Anu, geweiht. Sie galten, zum Unterschied von den eigentlichen Priesterinnen, als Ausgestoßene und durften ihre Kinder nicht selbst erziehen. Wie Herodot berichtet, mußte sich in Mesopotamien jede Frau vor ihrer Ehe im Tempel einmal einem Fremden hingeben. Die Prostitution war ein religiöser Akt, ein Opfer für die Göttin. In allen großen Tempeln gab es für Männer ein eigenes Freudenhaus, da die Homosexualität im Orient sehr verbreitet war. Die reichen Bürger Babylons schöpften aus der Prostitution ihrer Sklavinnen große Einkünfte.

Die Griechen lehnten den asiatisch-korpulenten Frauentyp ab. Sie suchten ihr Ideal in den Linien der ägyptischen Tänzerinnen: Mädchen mit breiten Schultern und zarten, knospenhaften Brüsten; der Leib, überschlank, geradlinig, sollte wie eine noch nicht erwachte Blüte aus den Schenkeln aufsteigen. Mehr noch als in Ägypten wurden die Geschlechtsmerkmale verwischt, ein asexueller Typ entstand, ein allgemeingültiges Schönheitsideal. Auf den Fresken des Königspalastes von Knossos ist nicht mit Sicherheit zu erkennen, ob die Tänzer Frauen oder Männer sind. Ihre Gesichter wirken geschlechtslos, ihr Leib ist ephebisch schlank, ihre Arme sind mädchenhaft.

Den Griechen erschien es widersinnig, daß ein Mann nur in den Augen einer Frau schön sein sollte und umgekehrt. Da sich, folgerichtig, die Anziehungskraft nicht auf das andere Geschlecht beschränkt, kann es keine Grenze geben zwischen hetero- und homosexuellen Gefühlen. Nach ihrem Empfinden beruhte die Anziehungskraft der Geschlechter nicht auf der Verschiedenheit ihrer Sexualorgane, sondern auf Ästhetik. Ihr Schönheitsideal erfreute sich an Proportionen, am Rhythmus von Bewegungen, an der Sprache.

Die Ehe diente im alten Griechenland zur Zeugung der Nachkommenschaft und war darüber hinaus eine reine Zweckgemeinschaft zur Sicherung des Privateigentums; auch zur Bequemlichkeit der Männer, die ihr sexuelles Verlangen an Hetären stillten oder an Epheben, jungen Männern im wehrpflichtigen Alter. Die Bedeutung, die man dem Nachwuchs beimaß, war unterschiedlich. Die Trojaner waren kinderreich, Priamos hatte fünfzig Söhne und zwölf Töchter. In Sparta war die Armut so erdrückend, daß Brüder sich häufig gemeinsam eine Frau nahmen, mit der sie nur ein Kind haben durften. Das Kind gehörte dem Staat; der Vater mußte sich mit dem Neugeborenen einer Sanitätskommission stellen, die prüfte, ob der Knabe ein guter Soldat zu werden versprach. Traf dies zu, übernahm der Staat die „Aufzucht", anderenfalls wurde das Kind in den Säuglingsfriedhof der Schlucht des Taygetos geworfen. Die leichtlebigen Athener waren sozial eingestellt; Arme erhielten aus der Staatskasse ein Unterhaltsgeld. In Athen, das im fünften vorchristlichen Jahrhundert 200.000 Einwohner zählte, gehörten die Hetären ebenso zum Stadtbild wie die jungfräuliche Athene auf dem Felsen der Akropolis. Alexander der Große von Mazedonien fragte seine Mätresse Thais, eine Hetäre, nicht nach ihrem Stammbaum oder ihrem Vorleben. Die Undankbare lief zu seinem Lieblingsgeneral Ptolomäus über und gelangte so an dessen Seite auf den ägyptischen Thron.

In Griechenland gab es zwischen Männern und jungen Mädchen üblicherweise kein Liebesverhältnis, die Liebe der Männer galt den Knaben. Die Gesetzgebung ließ aus materiellen Gründen nur Söhne aus dem Bürgertum dafür zu. Sie wurden ins Haus genommen und beschenkt; selbst die Eltern profitierten davon. Die Knabenliebe galt als das normale Geschlechtsleben, die einzig ritterliche, aristokratische Form der Erotik. Die Söhne wurden dafür erzogen und fühlten sich geschmeichelt, wenn ein reicher Gönner sie auserkor.

Der „Sex" kommt aus Rom

Die Römer haben zwar nicht den Sex, aber das Wort „sexus" erfunden. Es erscheint zuerst bei Cicero. Nach einer griechischen Fabel waren die Menschen ursprünglich bisexuell, doch Zeus strafte sie, indem er sie mitten durchschnitt: Das lateinische Wort secare bedeutet schneiden, trennen. In der römischen Dichtung wird es ursprünglich als secus benutzt.

In Rom war, wie auch in Athen, die Abtreibung nie verboten. Zur Ehe wurde eine Frau gekauft. Der Mann, dem es gelang, eine Frau zu holen und ein Jahr mit ihr zusammenzuleben, erreichte eine rechtsgültige Ehe. Nur wenn der Vater nachweisen konnte, daß seine Tochter während dieses Jahres drei Nächte anderweitig geschlafen hatte, durfte er sie zurückholen.

Die Zwölftafelgesetze verboten zwischen 452 und 449 vor Christus die Ehe zwischen Patriziern und Plebejern. In ältester Zeit konnte ein Ehemann seine Frau wie seine Kinder verkaufen oder töten, später durfte er sie nur noch bei flagrantem Ehebruch töten.

Der Gesinnungswandel hatte wirtschaftliche Gründe: die Mitgift verschaffte den Frauen eine gewisse Selbständigkeit. Wenn ein Mann mit seiner Frau nicht mehr zufrieden war, konnte er sich von ihr trennen. Nach den Punischen Kriegen konnte auch eine Frau aus triftigen Gründen eine Scheidung beantragen. Sie durfte sich beispielsweise einen anderen Partner nehmen, wenn ihr Mann lange im Krieg war. Die Vergewaltigung galt im alten Rom als Verbrechen, das sich nicht einmal ein Fürst leisten konnte.

Die Stellung einer Frau hing vor allem davon ab, wie sehr sie ihrem Mann sexuelle Befriedigung bereiten konnte. Große Moralisten hielten die Prostitution zum Schutz der Ehe für notwendig, da sie bedürftigen Männern ein Ventil biete. Ovid sagte, wahrer Liebesgenuß liege in der Eroberung der Frau; je schwieriger die Eroberung, desto größer sei die Freude. Schließlich erschienen in Rom die ersten christlichen Sendboten und predigten, eine Ehe solle auf Lebenszeit gelten, die Scheidung sei Sünde, und Wiedervermählung, solange der Partner noch lebe, bedeute Ehebruch.

Vier Frauen für den Mann

Mohammed, ein Karawanenagent aus Mekka, heiratete Chadidscha, eine reiche und 15 Jahre ältere Witwe. Die Ehe währte 26 Jahre bis zum Tod der Gattin, die ihm sechs Kinder gebar. Nach ihrem Tode war er untröstlich und lehnte den Rat von Freunden ab, wieder zu heiraten. Schließlich ehelichte er Aischa, ein sechsjähriges Mädchen. Da seine Landsleute nicht auf ihn hörten, wanderte er nach Medina aus, errichtete dort einen Staat der Gläubigen und wurde ein großer Heerführer. Jeden Sieg krönte er mit einer neuen Heirat.

Aischa, als seine Lieblingsfrau, begleitete ihn auf all seinen Kriegszügen. Eines Tages war sie verschwunden; sie kehrte nach einiger Zeit mit einem jungen Soldaten zurück. Mohammed zweifelte nicht an ihr, da keine vier Zeugen für ihre Untreue aufzubringen waren. Er erließ ein neues Ehegesetz, wonach eine Frau im Falle eines Ehebruches nur noch ausgepeitscht wurde. Wenn jemand eine Frau des Ehebruchs anklagte, ohne vier Zeugen beibringen zu können, erhielt er achtzig Hiebe.

Für die damaligen Frauen war Mohammed ein Befreier. Er redete den Männern ins Gewissen, sich in Güte von ihnen zu trennen und nicht ihre Mitgift einzubehalten. Die Frau muß sich, da Allah es so will, in jeder Beziehung dem Manne unterordnen, dem Mohammed ausdrücklich das Recht zubilligt, eine widerspenstige Gefährtin zu schlagen. Unterwarf sie sich nach der Züchtigung, so war alles vergeben und vergessen. Der Ehemann konnte sich scheiden lassen, die Frau nicht. In vormohammedanischer Zeit durfte eine Familie Kinder, die sie nicht ernähren konnte, vergraben. Mohammed aber sagte: Tötet nicht eure Kinder der Armut willen, wir werden für euch und für sie sorgen.

Ein moderner Kommentator des Korans sagt, für das Christentum sei das strikteste religiöse Ideal das Zölibat gewesen, Monogamie schon ein Zugeständnis an die menschliche Natur. Für die Muselmanen sei die Monogamie das Ideal, Vielweiberei ein Kompromiß für den Mann. Nach muselmanischer Tradition sollte ein Mann gleichzeitig nicht mehr als vier Frauen haben. Diese Zahl wurde in den Koran hineininterpretiert, da vier die Lieblingszahl des Propheten war. Mohammed empfahl nach der verlustreichen Schlacht bei Uhud, sich der Kriegerwitwen anzunehmen und zwei, drei oder auch vier Frauen zu heiraten, damit das Volk wieder erstarke.

Aus dieser in einer Notzeit entstandenen Regel leiteten die Muselmanen das Recht ab, sich vier Frauen zu nehmen. Die Zahl vier schien ihnen gottgewollt: vier Zeugen, vier Gründe machten eine Sache glaubhaft. Mohammed selbst hatte vierzehnmal geheiratet und hinterließ, als er starb, neun Frauen. Eine einfache Überlegung zeigt, daß Polygamie nicht allgemein möglich war, sondern nur ein Vorrecht für wenige, vor allem für die Reichen: Wenn ein Mann vier Frauen hatte, bekamen drei, soweit die Anzahl der Männer in Friedenszeiten in etwa die der Frauen erreicht hatte, überhaupt keine.

Die grausigste Sexualsitte bestand in Indien: die Witwenverbrennung, eine bis zur letzten Konsequenz getriebene Bindung der Frau an den Mann. Nur wenn eine Frau neben ihrem toten Gatten auf dem Scheiterhaufen lag und ein anderer in letzter Minute ihre Hand ergriff, war sie gerettet und er konnte ihr zweiter Mann werden. Es waren im allgemeinen die Priester, die den Frauen zur Witwenverbrennung rieten und diese geradezu zu einer Prestigefrage für die oberen Stände machten. Aus dem einfachen Grund, weil ihnen in der Regel der Nachlaß zufiel. Hatte der Verstorbene polygam gelebt, wurden alle seine Frauen mitverbrannt.

Die doppelte Moral der Christen

In die Welt der Juden brach Jesus ein. Er predigte die Unauflösbarkeit der Ehe und brandmarkte die Scheidung als Sünde! Welch revolutionäre Gedanken für das auserwählte Volk, vor allem für die Männer, die ihre Vorrechte in Gefahr sahen. Jesus predigte nicht nur dies, er forderte zu uneingeschränkter Nächstenliebe auf und versprach den Armen das Himmelreich. Das klang in den Ohren der Reichen gar nicht verlockend. Nicht zuletzt wohl deswegen folgten sie seiner Lehre nicht, sondern schlugen ihn ans Kreuz. Unter den zwölf Jüngern war nur Petrus verheiratet. Obwohl Christus gebot, nicht unrein zu nennen, was Gott für rein erklärt habe, lebte die zwanghafte Furcht vor der Unreinlichkeit des Sexuellen im Christentum weiter.

Für die Christen war es von jeher schwer, Gottes Gebot der Keuschheit mit seinem Auftrag, sich zu mehren, in Einklang zu bringen. Ausgelöst wurde das Dilemma durch die Schöpfungsgeschichte des Alten Testamentes. Gott schuf im letzten und krönenden Schöpfungsakt den ersten Menschen nach seinem Ebenbild. Doch er schuf kein geschlechtsneutrales Wesen. Nein, er schuf Adam, und er schuf ihn mit allen Attributen, die ein Wesen zum Manne machen. Hatte er dabei schon einen Hintergedanken? Anscheinend doch, denn als er Eva erschaffen hatte, war sie das vollkommene Ergänzungsstück zu Adam. Und Gott stattete beide mit dem übermächtigen Verlangen aus, ihre Körper zu vereinen. Zu welchem Zweck wohl? Nur um die Ärmsten zu prüfen, ob sie sein Gebot, nicht von der verbotenen Frucht zu essen, befolgen würden? Nein, das ergibt keinen Sinn. Gott war doch allwissend. Er war sich bei der Erschaffung von Männlein und Weiblein im klaren, daß sie dem in sie gelegten Verlangen erliegen würden. Der Sündenfall war also nicht vorhersehbar, er war vorprogrammiert von Anfang an. Es gibt demnach keinen Sündenfall in alttestamentarischem Sinn, daran besteht kein Zweifel.

Den Anspruch auf Marias unbefleckte Empfängnis erhob die Kirche erst im zweiten Jahrhundert, die Verteufelung des Sexuellen begann hundert Jahre später. Hieronymus, der um 400 lebte und die Bibel ins Lateinische übersetzte, bezeichnete die Frau als einen Sack voller Mist; Augustinus, ein Zeitgenosse, dessen Schriften über Sünde und Gnade die abendländische Theologie nachhaltig beeinflußten, schrieb, die fleischliche Begierde sei ein Laster, der durch sie geborene Mensch deshalb sündig. Die geschlechtliche Vereinigung übertrage die Erbsünde auf das Kind.

Im Matthäus-Evangelium steht: Wer seine Frau verstößt außer im Falle der Hurerei, begeht Ehebruch, ebenso der, der mit anderen Frauen verkehrt. Das neue Eherecht brachte daher den Christen mehr kinderlose Ehen, was bald zu einem Bevölkerungsschwund führte.

Unter Kaiser Domitian wurde im Römischen Reich das Christentum verboten, die Taufe wurde illegal; der Kult flüchtete in die Katakomben. Es bildeten sich kleine, geschlossene Gruppen, die den Geschlechtsverkehr ablehnten. Alles Gute komme von Christus, da er nicht in Fleischeslust gezeugt worden sei, lehrten sie. Der Gedanke, daß die Menschen sündig seien, weil sie in Wollust gezeugt wurden, vergiftete nachhaltig die Diskussion. Bei Augustinus entstand die sexualmoralische Vererbungslehre, die Lehre von der Erbsünde. Wegen Adams Sündenfall sah das Christentum im Koitus das Böse, gleichgültig, ob er im Ehebett oder im Bordell vollzogen wurde; nach Augustinus sind beide Möglichkeiten des Beischlafes mit Sünde behaftet. Papst Gregor bestätigte zweihundert Jahre später, daß der eheliche Verkehr nicht frei von Schuld sei, wofür er vor allem die Frauen verantwortlich machte. In einem katholischen Gebet heißt es: Denn siehe, im Unrecht bin ich gezeugt worden, und in Sünden hat mich meine Mutter empfangen.

Natürlich muß man fragen, wie ein menschliches Leben, das aus Sünde entstand, plötzlich heilig sein soll, ebenso heilig wie das Sakrament der Ehe, die geschlossen wird, um eine Sünde zu begehen.

Der Gott der Juden war ein Gedanke - wer sich ein Bild von Gott machte, verging sich gegen das Gesetz. Doch Christus, Gottes Sohn, war ein schöner Mann, und eine reine Jungfrau konnte seine Braut werden. Dies, wörtlich genommen, übte eine magische Wirkung aus. Nonnen und Mönche übertrugen die geschlechtlichen Gefühle, die ihnen verboten waren, auf Christus. Der Wahn erreichte im vierten und fünften Jahrhundert seinen Höhepunkt. Die Jungfräulichkeit wurde zu einer fixen Idee, die Unberührten zu Bräuten Christi, und jeder, der mit ihnen schlief, beging Ehebruch auf Christi Kosten.

Bis ins vierte Jahrhundert konnten Priester verheiratet sein, erst unter Papst Innozenz I. mußten sie dem Geschlechtsverkehr entsagen. Papst Gregor VII. erklärte jede Verbindung eines Pfarrers mit einer Frau zu Hurerei, was letzten Endes mit zur Kirchenspaltung unter Martin Luther beitrug.

Zu einem Anwachsen der Prostitution kam es während der Kreuzzüge, da ein Heer auf längere Zeit nicht ohne Frauen zusammenzuhalten war. Eine Abrechnung von Tempelherren eines Ordens vermerkte, daß in einem Jahr der Kreuzzüge 13.000 Prostituierte mit unterhalten werden mußten.

Thomas von Aquino, der 1274 starb, erklärte die Selbstfriedigung für eine noch größere Sünde als die Unzucht; selbst in der Pollution, einer unfreiwilligen Samenentleerung, sah er Sünde.

Für die Kirche der damaligen Zeit kam alles Böse vom Weibe. Das fing mit Eva an, die Adam verführte und dadurch die Menschen um das Paradies betrog. In der Bibel finden sich Beispiele zur Genüge, die die Verruchtheit des Weibes beweisen. Lots Töchter machten ihren Vater betrunken, verführten ihn zum Inzest, um Kinder von ihm zu bekommen, weil sie nach der Vernichtung von Sodom und Gomorrha dachten, er sei der letzte Mann auf Erden. Warum sollten es Frauen, wenn sie den ersten und vermeintlich letzten Mann verführten, nicht auch mit dem Teufel treiben?

Von Hexen und Teufeln

In der Zeit des Hexenwahns dachte die Kirche ernsthaft, daß der Teufel Menschen beiderlei Geschlechtes, vor allem aber Frauen, zur Unzucht mit ihm verleite. Alte Hexen ritten nachts auf einem Besenstiel zum Hexensabbat, wo sie Liebestränke für Jungfrauen brauten und Salben mixten, die Männer impotent machten. Noch gefährlicher waren junge Hexen: Sie trieben es mit dem Teufel und mit Irdischen, vornehmlich mit Ehemännern und achtbaren Bürgern. Häufig bezeugten Denunzianten, die Angeklagte mit dem Teufel überrascht zu haben. Gestand die Beschuldigte nicht, wurde sie der „großen Folter" unterzogen. Meist genügte schon deren Androhung, damit Frauen bereitwilligst aussagten. Der Verkehr mit dem Satan sei äußerst schmerzhaft, gestanden sie, da er große, steinharte, mit Eisen beschlagene und mit Fischschuppen bedeckte Genitalien habe. Sein Samen sei eiskalt.

Nach Ansicht namhafter Theologen war ein Verkehr mit dem Teufel auch ohne Defloration möglich. Als Beweis seiner Beiwohnung hinterließ er am Körper der Frau Spuren, lokale Anästhesie beispielsweise, oder Leberflecken, Warzen und Gerstenkörner: alles Stellen, die der Teufel berührt hatte. Der 1487 erschienene „Hexenhammer" stellt 35 Fragen an die der Hexerei Beschuldigten. Im Zweifelsfalle wurden die Angeklagten mit zusammengebundenen Händen ins Wasser geworfen; ertranken sie, waren sie schuldig, waren sie unschuldig, würde Gott sie retten.

Die Anatomie des Teufels war genau bekannt. Er war eine Kreuzung zwischen dem griechischen Gott Pan und germanischen Waldgeistern, hatte einen roten Bart und roch nach Schwefel. Zu seiner Unterstützung hatte er Unterteufel, incubi hießen seine männlichen, succubi seine weiblichen Helfer, und zwar genau 7,405.926 an der Zahl. Die Inquisitoren überhäuften die Frauen mit all dem Haß, den das erzwungene Zölibat hervorrief. Alle Hexerei habe ihren Ursprung in der fleischlichen Lust, an der das Weib unersättlich sei.

In der Ritterzeit galt Ehebruch als Gesellschaftssport. Die Dame des Ritters mußte verheiratet und von Rang sein. Das ehebrecherische Verhältnis eines Ritters wurde von der Kirche und der weltlichen Autoriät stillschweigend geduldet, von Minnesängern besungen. Der Bürger verteidigte die Ehre seiner Frau nicht mit dem Schwert. Er ersann den Keuschheitsgürtel, ein handbreites Metallgerüst, das den Zugang zum Allerheiligsten verwehrte. Dieses Marterinstrument war im 15. und 16. Jahrhundert in ganz Europa verbreitet. In Deutschland wurde übrigens im Jahre 1904 das letzte Patent auf einen Keuschheitsgürtel erteilt.

Die Renaissance brachte die Enthüllung des menschlichen Körpers. An antiken Statuen entdeckte der Europäer den nackten Leib, den er bis dahin hatte völlig verhüllen müssen. Bei den Frauen fielen zuerst die Bandagen, die den Hals einschnürten, dann wurde die Brust bis zum Busenansatz gezeigt. Die Kunst eroberte, von Venedig ausgehend, den nackten Menschen. Verwegene wagten es, bei mythologischen Darstellungen den ganzen Körper entblößt darzustellen.
Die Renaissance war eine Zeit, in der sich die Männlichkeit im Sexuellen bewähren mußte. Die Betonung der sexuellen Potenz ist das hervorstechendste Merkmal der Renaissanceliteratur. Frauen wurde sexuelle Unersättlichkeit zugesprochen, Männer, die sie nicht zu befriedigen vermochten, wurden zu komischen Figuren. Einem Ehemann wurden höchstens drei Umarmungen in einer Nacht zugesprochen, dem Liebhaber jedoch sieben und mehr.
Einen bösen Rückschlag erfuhr die sinnesfrohe Zeit im Dezember 1494: 21 Monate, nachdem Kolumbus aus Amerika zurückgekehrt war, trat in Neapel die Geschlechtskrankheit Syphilis auf. Der Historie zufolge schleppte sie der Obermaat Pinzon von der Insel Haiti ein. Es wird auch behauptet, sie sei schon vorher in Europa anzutreffen gewesen. Wenige Jahre nach ihrem ersten bekannten Auftreten behandelte man Syphilis mit Quecksilber, das über vier Jahrhunderte das wirksamste Heilmittel blieb. Die Gonorrhoe war schon im Altertum bekannt; jetzt hielten sie die Ärzte für ein Vorstadium der Syphilis.

Für die Reformation spielten Sexualfragen wie das Zölibat und die Unauflösbarkeit der Ehe eine bedeutende Rolle. Der Verkauf der Ablaßbriefe ließ das Faß überlaufen, und doch brachten die Sondersteuern der Kurtisanen dem Vatikan viermal so viel ein wie der Verkauf der Ablaßbriefe. Männer, die in Armut und Keuschheit lebten, mußte es wie ein Keulenschlag treffen, daß nunmehr kein Fegefeuer einen Ehebrecher bedrohte, weil er seine Reue durch einen Beitrag für die guten Werke Roms beweisen konnte. Martin Luther hatte bei einem Besuch in Rom gesehen, wie die Prälaten praßten. Anscheinend galt das Zölibat nur für die niedere Geistlichkeit. Der kinderreiche Papst Alexander VII. versuchte gar, aus dem Kirchenstaat eine Erbmonarchie zu machen, was jedoch die reichen römischen Familien auf den Plan rief.

Das protestantische Eherecht sprach der Frau ein Recht auf Sexualität zu. War die Impotenz ihres Mannes an ihrer Kinderlosigkeit schuld, konnte sie sich scheiden lassen. Melanchthon forderte eine provisorische Aufhebung des Zölibats, worüber dann das Vatikanische Konzil entscheiden sollte. Er heiratete als Vierzigjähriger im Jahre 1524 die Witwe eines Richters. Luther ehelichte ein Jahr später eine Nonne, Katharina von Bora, die mit acht ihrer Mitschwestern aus einem Kloster geflohen war. Die religiösen Führer waren Vorbilder für die jungen Geistlichen, sodaß innerhalb einer Generation in den protestantischen Ländern das Zölibat verschwand.

Die Gegenreform unter Karl V. suchte die Heiligkeit der Ehe durchzusetzen. Die Darstellung des Nackten in der Kunst wurde verfemt, wovon besonders Michelangelo betroffen war. Doch noch ehe Giordano Bruno auf dem Blumenmarkt in Rom als Ketzer verbrannt wurde und Galileo Galilei seinen Ideen abschwören mußte, stand die Bildkunst des Nackten wieder in voller Blüte; Rubens wurde ihr Großmeister.

Bis um die Mitte des 17. Jahrhunderts wußte niemand Näheres über Zeugung und Befruchtung. Heftiger theologischer Streit entbrannte, als Botaniker behaupteten, Pflanzen hätten ein Geschlechtsleben. Dies seien boshafte Lügen, erklärten die Bibelgelehrten, in der Bibel werde erst am sechsten Schöpfungstag von der Einteilung der Geschlechter gesprochen; wie könnten also Pflanzen, die bereits am dritten Tag erschaffen worden waren, geschlechtlich sein? Mißbilligung der Sexualität und neuen Wissens auf diesem Gebiet wird erfahrungsgemäß vorwiegend von psychisch und sexuell Gehemmten geäußert. Es neigen, um den russischen Philosophen Peter D. Ouspensky zu zitieren, die sexuell am wenigsten aktiven Mitglieder einer Gesellschaft dazu, das Sexualverhalten der anderen zu bestimmen oder bestimmen zu wollen. Auf diese Weise wird ein Ausgleich, ein Ersatz oder auch ein Alibi für die eigene Unzulänglichkeit geschaffen.

Das Liebesleben im 18. Jahrhundert war ohne Zweifel ungenierter als in den vorangegangenen Epochen; man verbarg nicht mehr, daß man Gefallen an der Liebe hatte. Casanova schrieb seine Memoiren, Goethe seinen „Werther", der wie eine Bombe die bürgerliche Verlogenheit traf. Zum ersten Mal wurde in der Literatur von Gefühlen, von Liebe gesprochen. Rousseaus Gedanken beunruhigten die Menschen. Die Natur, sagte er, sehe vor, daß Liebe die Menschen zusammenführe, damit sie miteinander lebten und eine Familie gründeten. Die Natur des Menschen lehne sich auf gegen eine korrumpierende Zwangsehe, deren Folgen doch nur Ehebruch und Zerrüttung seien. Wolle man die Familienbande festigen, müsse man ein Zusammenleben auf freiwilliger Basis ermöglichen. Rousseau dachte keineswegs an eine kurzfristige Verbindung in freier Liebe, sondern war von der Monogamie als der menschlichen Natur entsprechend überzeugt.

Erst um die Wende zum 20. Jahrhundert versuchte Sigmund Freud, der Sexualität ihren gebührenden Platz in der Gesellschaft zu verschaffen. Die katholische Kirche erkannte an, daß sexuelles Begehren eines der Grundelemente ehelicher Liebe ist. Auf dem Konzil von 1962 bis 1965 stellte die Kirche schließlich klar, daß Sexualität nicht nur eine biologische Funktion ist, sondern auch eine wichtige geistige Dimension des Menschen.

Unvermeidbare Fachausdrücke

Bartholinsche Drüsen: zwei kleine Drüsen, die in die Innenfläche der kleinen Schamlippen münden

Cowpersche Drüsen: zwei erbsengroße Drüsen, die auf der hinteren Harnröhre ruhen und ihr Sekret dem Samen beimengen

Ejakulation: Samenerguß

Erektion: Versteifung, Aufrichtung von Organen

Erogene Zone: Körperregion, deren Stimulierung sexuelle Erregung hervorruft

Hypertrophie: Vergrößerung eines Organs

Impotenz: Störung der Sexualfunktion des Mannes

Lubrikation: Ausbildung vaginaler Gleitfähigkeit

Masturbation: manuelle Befriedigung

Pollution: unwillkürlicher, nächtlicher Samenerguß.

Spermien: Samenzellen

Weiterführende Literatur

Belham, George, Dr. med. Man bleibt Mann

Bornemann, Ernest. Lexikon der Liebe

Bristow, Alec. Wie die Pflanzen lieben

Cadura-Saf, Doritt. Das unsichtbare Geschlecht

Döring, Gerhard, Hans Habe, Fritz Leist. Das Ehebuch

Fisher, Seymour. Der Orgasmus der Frau

Frank, Stanley. Der sexuell aktive Mann über Vierzig

Haye, Tim und Beverly L. Wie schön ist es mit dir

Kemper, Werner. Die Störungen der Liebesfähigkeit beim Weibe

Köhn-Behrens, Charlotte. Der bedrohte Eros

Lewinsohn, Richard. Eine Weltgeschichte der Sexualität

Masters, Prof. Dr. W. H. und V. E. Johnson. Die sexuelle Reaktion

Oehler, Dr. med, Ilva. Des Lebens bessere Hälfte (Frauen nach 40)

Ropp, Robert S. de. Die sexuelle Triebkraft

Schumann, Dr. med. Dr. phil.hab., Hans- Joachim von. Erotik und Sexualität in der zweiten Lebenshälfte

Senger, Gerti. Was heißt schon frigide!

Sherfey, Mary-Jane. Potenz der Frau

Van der Velde. Die vollkommene Ehe